BUZZ

© 2020 Buzz Editora
© 2020 César Souza e Maurício Barros

Publisher ANDERSON CAVALCANTE
Editoras SIMONE PAULINO, LUISA TIEPPO
Assistente editorial JOÃO LUCAS Z. KOSCE
Projeto gráfico ESTÚDIO GRIFO
Assistente de design FELIPE REGIS
Preparação MARINA MUNHOZ
Revisão VANESSA ALMEIDA, ANTONIO CASTRO

Dados Internacionais de Catalogação na Publicação (CIP)
de acordo com ISBD

S729c
    *Descubra o craque que há em você: lições do mundo*
    *dos esportes que podem levar você ao topo na profissão e*
    *na vida*/César Souza, Maurício Barros
    São Paulo: Buzz, 2020
    176 pp.

    ISBN 978-65-86077-03-2

1. Autoajuda 2. Sucesso 3. Superação.
I. Barros, Maurício. II. Título.

|  | CDD 158.1 |
|---|---|
| 2020-1960 | CDU 159.947 |

Elaborado por Vagner Rodolfo da Silva CRB-8/9410

Índice para catálogo sistemático:
1. Autoajuda 158.1/2. Autoajuda 159.947

Todos os direitos reservados à:
Buzz Editora Ltda.
Av. Paulista, 726 – mezanino
cep: 01310-100 São Paulo, SP

[55 11] 4171 2317
[55 11] 4171 2318
contato@buzzeditora.com.br
www.buzzeditora.com.br

CÉSAR SOUZA E MAURÍCIO BARROS

# DESCUBRA O CRAQUE QUE HÁ EM VOCÊ

### LIÇÕES DO MUNDO DOS ESPORTES QUE PODEM LEVAR VOCÊ AO TOPO NA PROFISSÃO E NA VIDA

**7   INTRODUÇÃO**

**12   PARTE 1**
**INTEGRAÇÃO**
1. Todos no mesmo barco
2. Jogue para o time

**37   PARTE 2**
**DETERMINAÇÃO**
3. Entregue-se de corpo e alma
4. Foque o resultado:
jogar para ganhar ou jogar para não perder?

**78   PARTE 3**
**SUPERAÇÃO**
5. Drible os obstáculos
6. Evite o gol contra

**106   PARTE 4**
**INOVAÇÃO**
7. Faça uma jogada diferente
8. Crie valor, e não firulas improdutivas

**133   PARTE 5**
**AUTOGESTÃO**
9. Reputação é algo que você constrói
10. Acerte a mão

**159   CONCLUSÃO**
**DESCUBRA E REVELE O CRAQUE QUE HÁ EM VOCÊ!**
Anexo 1: Bibliografia sugerida
Anexo 2: Filmografia sugerida

**175   AGRADECIMENTOS**

*Para Cristinna, Yasmim, Júlia e Thomas,*
*pilares do* dream team *que tenho a*
*felicidade de integrar com muito amor.*
CÉSAR SOUZA

*Para Viridiana, Gustavo e Isabel,*
*que dão sentido a tudo o que escrevo,*
*digo, penso e sinto.*
MAURÍCIO BARROS

# INTRODUÇÃO

Pode ser no calçadão de Copacabana. Ou em Chicago, na beira do lago Michigan. Na pista da avenida Quatro de Fevereiro, cartão--postal de Luanda. No Ueno Park, em Tóquio. No gramado em uma das margens do rio Tigre, em Buenos Aires. Numa calçada em Cabul. Num terreno baldio ao lado da estrada entre Tarragona e Barcelona. Num pátio em Jerusalém. Nas areias da praia de Itapuã, em Salvador. Onde quer você que esteja, verá uma criança correndo. E sorrindo.

Assim que deixa de ser um bebê de colo e começa a ganhar autonomia, o ser humano passa a rolar, engatinhar, andar e depois a correr, experimentando a liberdade e o prazer de colocar o corpo em movimento. Provar sua força, conhecer seus limites, excedê-los.

O esporte surge da irresistível tentação que o ser humano tem de brincar com o próprio corpo, de explorar suas possibilidades.

Pela sua essência lúdica, o esporte é fonte de lazer para indivíduos de todas as idades. Mas o prazer em atingir uma meta – ganhar um jogo, conquistar uma medalha, ser o campeão de um torneio – é só parte da história. Há comprovados benefícios à saúde física, mental, emocional e social. Por essa razão, a prática esportiva é obrigatória nas escolas e instrumento indispensável das campanhas de promoção da saúde organizadas tanto pelo setor público como por instituições privadas.

Ao mesmo tempo, o esporte também se tornou um grande negócio, fonte de fama e fortuna para atletas, treinadores, dirigentes e empresários. Dessa forma, constitui importante veículo para a ascensão e redenção de indivíduos, famílias e comunidades, além de notável meio de inclusão social.

Essa característica é tão relevante que este livro já se inicia apresentando duas histórias que destacam a força do esporte como ferramenta de inclusão social. Camilly e José Vitor ilustram como a prática esportiva pode ser uma saída para quem larga lá atrás, com poucas condições, na corrida por uma vida digna.

### DUAS VIDAS, DOIS SONHOS

Camilly Almeida dera tudo de si naqueles poucos minutos em campo. Carrinhos, dribles, desarmes... Ao final do treino, estava esperançosa de ter chamado a atenção de um dos avaliadores das principais equipes do futebol feminino de São Paulo. Aquele era o último dia da "peneira" – como é chamado, no Brasil, o processo seletivo de talentos esportivos – promovida pela Federação Paulista para ajudar os clubes a montarem suas equipes sub-17, exigência recém-imposta pela entidade aos seus filiados.

Foram quatro tardes naquele quente mês de maio de 2019, com testes nos gramados do CEPEUSP, o complexo esportivo da Universidade de São Paulo. Camilly, 16 anos, moradora de Guarulhos, na Grande São Paulo, foi uma das cerca de quatrocentas meninas avaliadas. "Eu comecei a jogar com 10 anos e sempre me destaquei", disse a adolescente em conversa com um dos autores deste livro. "Meu apelido é Fumiga, porque dizem que sou parecida com a Formiga, da seleção brasileira."

A menina enfrentava a resistência dos pais para seguir com o sonho de jogar futebol profissionalmente. Foi o irmão mais velho quem a acompanhou naquela quinta-feira em que Camilly conseguiu uma folga na lanchonete onde trabalhava como atendente. O que ela não esperava era receber um incentivo extra. Andressa Alves, então jogadora do Barcelona (hoje está na Roma) e titular da seleção brasileira, que acabara de voltar da Copa do Mundo da França, assistiu à peneira e, a nosso convite, foi conhecer Camilly. "Minha história é muito parecida com a dela. Vim da 'quebrada', em Franco da Rocha, na Grande São Paulo, onde jogava com os meninos, e fui parar no Barcelona. Fico feliz em abrir espaço na Europa para as jogadoras brasileiras. Elas veem que é possível alimentar esse sonho", disse, depois de ouvir a trajetória da garota. Camilly absorveu: "Eu não vou desistir. Pretendo ser uma atleta profissional, chegar à seleção". A peneira lhe rendeu convites de três clubes, e ela optou por disputar o Campeonato Paulista Sub-17 na mesma Associação Desportiva Guarulhos, por ser "mais perto de casa". Terminado o torneio, o desafio passou a ser encontrar um clube para se profissionalizar.

O esporte pode também contribuir na superação de traumas que deixam marcas profundas na vida de algumas pessoas. Para o adolescente José Vitor Ramos Leme, as marcas visíveis são de uma cicatriz de machadinha – o objeto lhe foi cravado no ombro direito por um dos dois ex-alunos autores do massacre que deixou dez mortos (incluindo a dupla de atiradores) e onze feridos na Escola Estadual Raul Brasil, em Suzano, na região metropolitana de São Paulo, em março de 2019.

José Vitor encontrou no basquete uma forma de superar as consequências do episódio. Antes do massacre, ele treinava no centro esportivo da prefeitura de Suzano. Depois, passou a treinar e jogar no parque Imperador. Em entrevista ao jornal *O Estado de S. Paulo*, publicada no início de dezembro de 2019, ao mesmo tempo que evitava falar do trauma, empolgava-se ao comentar o basquete da NBA e seu amor pelo esporte. "O basquete é uma coisa que gosto de fazer. Significa educação e muito esforço", afirmou. E, assim, José Vitor encontrou no esporte uma via para cicatrizar suas feridas mais profundas, que não estão visíveis.

### MUITO ALÉM DE METAS E RESULTADOS

Assim como Camilly e José Vitor, outras pessoas viram no esporte um veículo para a realização de sonhos, movidas por um senso de propósito que transcende a competição.

Maior peso-pesado de todos os tempos, o boxeador Cassius Clay, que na década de 1960 mudou seu nome para Muhammad

Ali, usou sua fama para dar voz às reivindicações dos negros norte-americanos contra a discriminação racial praticada no país. Logo após sua morte, em 2016, Barack Obama, primeiro presidente negro dos Estados Unidos, escreveu uma carta em sua homenagem em que o colocava ao lado de ícones da luta antirracista como Martin Luther King e Nelson Mandela.

Ayrton Senna da Silva, tricampeão mundial da Fórmula 1, desejava criar um projeto que auxiliasse crianças e jovens de baixa renda a desenvolver talentos e alcançar oportunidades. Em março de 1994, durante conversa com sua irmã, Viviane, deixara marcado para o fim daquela temporada o início do planejamento.

O acidente fatal de 1º de maio, em Ímola, na Itália, não permitiu que Senna visse seu sonho ser realizado. Mas Viviane levou o projeto adiante e, em 20 de novembro daquele mesmo ano, fundou o Instituto Ayrton Senna, com a missão de "promover o potencial transformador das pessoas por meio do desenvolvimento integral de estudantes e educadores".

Em 2019, o Instituto celebrou seus 25 anos de fundação marcando presença em 385 municípios de dezessete estados brasileiros. De acordo com seu relatório anual, suas ações capacitaram 160.461 educadores e beneficiaram 1,3 milhão de crianças e jovens com educação pública de qualidade. O trabalho do Instituto Ayrton Senna é reconhecido por instituições do porte da Unesco e da OCDE (Organização para a Cooperação e Desenvolvimento Econômico).

Na mesma linha de atuação, Ana Moser, uma das maiores atacantes da história do voleibol brasileiro, medalha de bronze nos Jogos de Atlanta – a primeira conquista olímpica do vôlei feminino –, está desde 2001 à frente do Instituto Esporte & Educação. A entidade desenvolveu uma metodologia para ampliar e qualificar a prática de educação física e esporte no Brasil que já atendeu cerca de 6 milhões de crianças e jovens e capacitou aproximadamente 45 mil professores em todo o país.

## CAMPO PRIVILEGIADO

O universo das competições esportivas é, pois, espaço privilegiado para reflexões sobre a natureza humana. Situações vividas nas mais diversas modalidades podem ser transpostas para o ambiente profissional, familiar ou empresarial, inspirando lições e ações assertivas, eficazes, transformadoras. É sobre esse ponto que esta obra se debruça.

O livro apresenta e analisa cinco aprendizados essenciais – dentre outras incontáveis lições – que podemos extrair de situações reais ocorridas em diversas modalidades do esporte e que podem ser úteis para que você, leitor, se torne um craque na vida, qualquer que seja a sua profissão. As dimensões desse aprendizado são as seguintes:

- integração
- determinação
- superação
- inovação
- autogestão

São todas dimensões essenciais para superar dificuldades do presente, como crises econômicas, revezes profissionais e pessoais, epidemias, problemas sociais, desastres ambientais, conflitos interpessoais etc., e construir um futuro melhor.

Mas a maior das lições, o verdadeiro "gol de placa" que almejamos com este livro, é contribuir para a descoberta do craque que há em você!

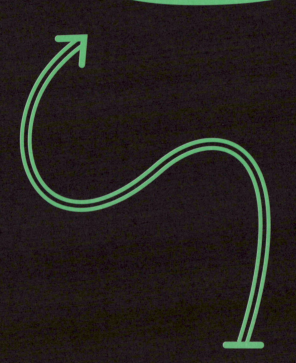

Uma seleção conseguiu ser mitológica sem a presença de deuses. A seleção de futebol da Grécia que venceu a Eurocopa de 2004, disputada em Portugal, é um dos exemplos mais notáveis de integração na história do esporte: uma equipe de futebol carente de talentos individuais, que fez da força coletiva seu trunfo para a vitória. Embora pareça óbvio valorizar o trabalho em equipe dentro de campo, alguns times que reuniram astros da bola tiveram resultados decepcionantes por falta de sinergia entre os seus craques. Fora do universo esportivo, os exemplos são ainda mais evidentes. Tanto a integração quanto a falta dela impactam diretamente os resultados.

A falta de integração entre as pessoas e entre equipes em uma organização é um dos maiores desafios contemporâneos da vida corporativa. As empresas perdem clientes, talentos e valor de mercado devido aos enormes desperdícios e idiossincrasias decorrentes do baixo grau de integração.

Perdem clientes, que não gostam do "jogo de empurra" que se evidencia quando apresentam ao vendedor uma reclamação e este responde: "Ah! Eu fiz a minha parte, foi a logística que não entregou o produto no prazo". Esta explicação afasta o cliente da empresa, pois deteriora um dos atributos mais valorizados por ele: a credibilidade. Afinal, cliente não compra apenas o produto ou o serviço, mas adquire também um valor intangível que é a confiança, bastante abalada quando as pessoas não se entendem internamente e ficam apontando culpados.

Perdem os melhores talentos, porque bons profissionais não gostam de trabalhar em um lugar com alto nível de individualismo, politicagem e desagregação. Perdem também valor de mercado e convivem com prejuízos, pois a ausência de um propósito comum leva cada um a remar o barco para uma direção diferente, o que resulta em baixa eficiência operacional, desperdício de tempo e energia e custos elevados – questões evitáveis se a empresa tivesse um grau maior de comunicação e integração.

Nas famílias, o excesso de individualismo e o isolamento de alguns membros são fonte de infelicidade, conflitos, desagregação e até mesmo destruição do núcleo. Pais que não compartilham suas angústias para sustentar a casa e filhos que não expressam suas dúvidas sobre os ritos de passagem para a vida adulta ou que não equilibram suas obrigações escolares com o lazer podem estar sofrendo desse problema crônico.

Na gestão da vida pessoal e da carreira, espírito individualista e atitudes desagregadoras conduzem ao insucesso. Não raramente, um indivíduo demitido que não consegue recolocação no mercado de trabalho matricula-se em diversos cursos de idioma, especialização etc., buscando aumentar suas competências. Mas a causa da sua demissão, bem como da dificuldade de passar nos testes e nas entrevistas de seleção – ou mesmo de conseguir manter uma relação social, conjugal e familiar mais saudável, bem-sucedida e feliz –, muitas vezes reside em um conjunto de competências socioemocionais que transcendem as qualificações técnicas.

Uma dessas competências é justamente a capacidade de integração – a habilidade de agregar, de buscar a convergência, de ser sinérgico e alcançar o máximo do potencial de cada membro da equipe, extraindo o melhor até mesmo das diferenças entre eles. Afinal, sinergia e integração não são sinônimos de padronização, de homogeneidade, de todos pensando e agindo igualmente. Sinergia significa construir o que os matemáticos chamam de "a curva dos máximos", ou seja, construir algo em cima dos pontos fortes de cada um para potencializá-los, buscando a complementaridade na equipe. Isso vale para o esporte e para a vida.

A habilidade de colocar todos no mesmo barco, jogando para o time, de forma integrada e sinérgica, pode ser estimulada a partir de exemplos observados em várias modalidades esportivas. É o que você encontrará assim que virar a página.

# 1

## TODOS NO MESMO BARCO

O histórico da seleção grega de futebol era lamentável. Teve uma participação desastrada na Eurocopa de 1980, na Itália – após três jogos, um empate e duas derrotas, um gol marcado e quatro sofridos –, e foi eliminada na primeira fase como última do seu grupo. Outra campanha, pior ainda, foi a da Copa do Mundo de 1994, nos Estados Unidos: três jogos, três derrotas, nenhum gol marcado, dez sofridos, eliminada em último lugar do Grupo D. Dez anos depois, só o fato de ter conseguido a classificação para a Eurocopa de 2004 já foi motivo de comemoração na Grécia. Não passar vexame em terras lusitanas já seria um resultado e tanto.

Mas o técnico alemão Otto Rehhagel, ou Rei Otto, como ficou conhecido, não aceitaria a derrota como destino inexorável do futebol helênico. Aos 65 anos, ele chegava ao comando da seleção grega com um currículo vitorioso em seu país: dirigindo o Werder Bremen, vencera duas vezes o Campeonato Alemão (1988 e 1993), ganhara outras duas a Copa da Alemanha (1991 e 1994) e conquistara ainda a Recopa da UEFA em 1992. Como treinador do Kaiserslautern alcançara um feito incrível: ganhou o Campeonato Alemão da segunda divisão em 1997 e, no ano seguinte, venceu a divisão principal.

Ao assumir o comando da seleção grega, Rehhagel esbarrou em um problema: faltavam talentos. Nenhum dos jogadores de todo o elenco grego tinha sequer uma posição de destaque em clubes de ponta do futebol europeu – fato que persiste até hoje. O capitão Zagorakis, por exemplo, havia sido dispensado pelo Leicester City, na época um time medíocre da Inglaterra. Um treinador comum reclamaria de cara: "Não posso fazer limonada sem limões", diria, usando o clichê para armar a desculpa do fracasso futuro. Rehhagel, pelo contrário, via o copo meio cheio, e usaria o suor e o trabalho em equipe para tirar leite de pedra.

Dá para intuir que Rei Otto, depois de conhecer o grupo que tinha em mãos, fez uma minuciosa análise de forças e fraquezas conhecida no jargão empresarial como SWOT (sigla em inglês para forças, fraquezas, oportunidades e ameaças). Ele sabia que contava no elenco com defensores seguros e, no meio-campo, com incansáveis marcadores. Essas eram as suas forças. O ponto fraco estava na criatividade: o talento era escasso. Sobravam armadores e atacantes burocráticos. As ameaças eram todas as seleções adversárias, mais o retrospecto terrível dos gregos. Não à toa, as bolsas de apostas inglesas pagavam mais de dez libras para cada libra investida em uma eventual Grécia campeã. E as oportunidades? Bem, Rei Otto sabia que o futebol é um esporte de placares escassos e que o domínio de bola não significa necessariamente vitória ao final. Por isso, a zebra é um bicho comum entre as feras da bola. Havia uma chance, mesmo que pequena. Por que não persegui-la?

Rehhagel tratou de arquitetar uma verdadeira muralha à frente do goleiro Nikopolidis. Dos dez jogadores de linha, oito tinham funções defensivas. A faixa de zagueiros contava ora com três, ora com quatro homens. O meio-campo tinha incansáveis marcadores e pelo menos um homem de velocidade. Esse era o desafogo, aquele que poderia aproveitar uma bola para levar à linha de fundo e cruzar para o centroavante, o solitário homem lá na frente. E, de preferência, pela direita. Não havia bons canhotos no elenco. Em linhas gerais, era esse o jogo da Grécia. Com um preparo físico trabalhado à exaustão, o mantra era defender, defender, defender. Ou melhor, destruir, destruir, destruir. E integrar. Todos conscientes de onde exatamente residia a chance da equipe. Se houvesse a possibilidade de construir alguma jogada, o time deveria estar preparado para aproveitá-la.

Claro que essa não é a mais bela das propostas – e, justamente por isso, Rehhagel foi muito criticado. Era um futebol feio. Mas, na visão do treinador, era a única coisa a ser feita, e estava dentro das regras do jogo. "Tínhamos sentimento coletivo e união de propósitos. Esse tipo de ligação, ao lado do entusiasmo, do espírito de luta e da modéstia, pode levar você longe", disse o treinador em entrevista à revista inglesa *WorldSoccer*.

O cartão de visitas da Grécia na competição não poderia ter sido melhor. Logo na estreia, uma vitória por 2 × 1 contra os donos da casa. Portugal, com a sua seleção treinada pelo então campeão mundial brasileiro Luiz Felipe Scolari, calou-se diante da zebra. Dos quatro chutes a gol que a Grécia deu em todo o jogo, duas bolas entraram, sendo que uma foi de pênalti, cometido desastradamente por Cristiano Ronaldo, então com 19 anos.

Nos dois outros jogos da primeira fase, um empate com a Espanha por 1 × 1 e uma derrota para a já eliminada Rússia por 2 × 1. A Grécia terminou empatada no Grupo A com a Espanha, mas avançou na competição porque marcou dois gols a mais.

O que se projetava para as demais fases era próximo do inferno. Afinal, a seleção grega teria pela frente rivais de peso. O jogo seguinte, pelas quartas de final, seria contra a França, então detentora do título da Eurocopa, com Zidane, Henry e toda sua geração de ouro. Depois, nas semifinais, o adversário seria "apenas" o melhor time do torneio até então: a República Tcheca. E, na final, simplesmente os donos da casa, Portugal, ávidos pelo seu primeiro título.

Os três jogos seguiram um roteiro parecido. Os adversários pressionando, a Grécia fechada atrás, de tocaia para dar o bote. Nas quartas, os franceses martelaram o tempo todo. Mas, aos dezenove minutos do segundo tempo, o bote grego apareceu: após cruzamento da direita, o centroavante Charisteas completou de cabeça para as redes. A França seguiu insistindo, mas em vão. Grécia na semifinal.

Contra os tchecos, o enredo se repetiu. O lance de sorte se deu quando uma bomba de Rosický acertou o travessão do bom goleiro Nikopolidis, que mostrou, além de competência, muita estrela. A partida terminou em 0 × 0 no tempo normal e foi para a prorrogação. Havia naquela época o gol de ouro, que significava que o time que marcasse primeiro no tempo extra era declarado vencedor. E foi exatamente o que fez o zagueiro Dellas, de cabeça, após um escanteio da direita. A Grécia estava na final.

Contra Portugal, o time entrou sem nenhuma responsabilidade. Afinal, a obrigação de vencer era dos favoritos. Foi um bombardeio. Dezesseis finalizações de Portugal contra quatro da Grécia. Destas, apenas uma foi em direção ao gol. E entrou. Uma verdadeira "bala de prata", ou seja, era a única chance, que não poderia ser desperdiçada. Aos doze minutos do segundo tempo, Charisteas fez, de novo de cabeça, de novo após um cruzamento da direita, em cobrança de escanteio, o gol do título.

A Grécia chegava ao Olimpo sem que ninguém acreditasse. Tinha vencido os três jogos decisivos atuando na mesma filosofia. Mas soube se adaptar a cada um dos adversários, ora congestionando o meio-campo, ora reforçando a muralha na zaga. Sua arma letal funcionou nas três ocasiões: cruzamento da direita e cabeçada. Rei Otto maximizou a força de seus comandados, minimizando suas fraquezas. Foi uma aula magna de como manejar com maestria recursos limitados. Lembrando o conceito da "curva dos máximos", o técnico se apoiou nos pontos fortes de cada jogador para potencializá-los, buscando a complementaridade na equipe.

O jornal inglês *The Guardian* elencou seis motivos para o sucesso grego no torneio: o primeiro, claro, o técnico Rehhagel, um líder motivador e estratégico como poucos. Os jogadores o respeitavam e obedeciam. O segundo motivo, a tática bem definida e compreendida por todos. O terceiro, o espírito coletivo – "a única estrela deve ser o time", dizia o treinador. O quarto, a ausência de pressão. Quando nada se espera de você, tudo o que fizer será lucro. Então, por que não arriscar? O quinto, o fato de os jogadores terem chegado ao torneio descansados. Nenhum deles era titular dos times que disputavam finais às vésperas da Eurocopa. A maioria vinha de equipes de menor expressão, que já estavam em férias. Por fim, o fator-surpresa. Como a Grécia era zebra, ninguém se preocupou em estudá-la, saber seus pontos fracos e desenvolver estratégias para explorá-los. Os gregos, ao contrário, sabiam tudo sobre os rivais.

Ao final daquela memorável partida no Estádio da Luz, em Lisboa, a alegria da nação grega encontrava eco em pelo menos um apostador anônimo. Segundo a casa de apostas William Hill, um "maluco" havia feito duas apostas polpudas na Grécia como campeã: uma ao final da primeira fase, quando se pagava cinquenta libras para cada libra investida e outra, já considerando o avanço dos gregos nos mata-matas, quando a cotação de uma Grécia campeã pagava dez libras para cada uma. O apostador confiou na zebra. E ganhou 330 mil libras.

A saga da seleção grega de futebol em Portugal ilustra uma ótima combinação entre as cinco lições essenciais do esporte abordadas nesta obra:

1. Integração e trabalho em equipe para criar um senso coletivo;
2. Determinação com a vontade de vencer, cumprindo a tática planejada;
3. Superação para prevalecer sobre adversários tecnicamente superiores;
4. Inovação para surpreender os rivais;
5. Autogestão com grande disciplina e autoconhecimento de suas virtudes e fraquezas, enfrentando a enorme pressão da torcida no ápice da competição – a grande final.

A sorte sempre comparece quando essas forças estão presentes.

## FORA DO GRAMADO

Abordando especificamente a integração, ela não é um trunfo apenas em modalidades coletivas, como futebol, basquete, vôlei, rúgbi ou handebol, que requerem um bom entrosamento entre os membros do time. A integração também se faz necessária nos esportes individuais, como automobilismo, tênis, ginástica, esgrima. Por trás de todo atleta de alto rendimento há uma equipe de suporte, com treinadores, psicólogos, nutricionistas, preparadores físicos, médicos, fisioterapeutas, mecânicos etc.

Mas, atualmente, até no futebol, o trabalho de equipe vai muito além das funções de campo – jogadores, treinadores, massagistas, preparadores físicos. Os principais clubes contam hoje com profissionais-chave nos bastidores para melhorar a performance dos jogadores: fisiologistas, nutricionistas, especialistas em logística de viagens, equipes de tv e mídias sociais. Uma das especialidades que se destacam é a análise de desempenho – profissionais que coletam dados sobre os atletas, como quilômetros percorridos em treinos e jogos, número de passes certos, desarmes e toda sorte de estatísticas para auxiliar o treinador e a diretoria a tomar decisões quanto ao elenco.

Seja qual for a competição, a integração é um diferencial decisivo nos campos, nas quadras, nas pistas – e fora delas –, como se pode perceber pelos exemplos reunidos nos próximos blocos deste capítulo.

## CADA UM POR TODOS

A pá deve entrar verticalmente na água. Das pernas, o remador tira o impulso para iniciar o movimento. Músculos abdominais precisam estar fortes e contraídos. O remo se movimenta a partir de uma puxada única, deslocando a água para a frente e o barco para trás. Por fim, a pá sai da água na horizontal, e o corpo, sentado sobre o assento, desliza pelo trilho e volta à posição inicial, ficando pronto para recomeçar o ciclo.

O remo é uma atividade ancestral, e a técnica dos atletas olímpicos atinge a perfeição em termos de movimento, transferência de força, deslizamento, atrito. Nas categorias coletivas, como a oito com timoneiro, a sincronia entre os oito remadores é condição absoluta para uma boa performance. Quem dita o ritmo é o timoneiro, o nono elemento, o único que está de frente para a linha de chegada. Ele grita palavras de ordem e direciona o barco em linha reta. Todos os remadores trabalham de costas para o destino. Não há ali espaço para brilhos individuais. O resultado depende da perfeita mecânica coletiva de movimentos idênticos. Se um atleta estiver fora de sincronia, o grupo perderá. Afinal, estão todos literalmente no mesmo barco. Pura integração.

Na categoria mais nobre do automobilismo, a Fórmula 1, as escuderias são empresas voltadas a transformar carro e piloto em um conjunto vencedor. Além de toda a preparação da máquina e do homem, da elaboração da estratégia de corrida, há um momento em que o trabalho de equipe se escancara aos olhos dos milhões de amantes da velocidade que acompanham o circuito no mundo todo: o pit stop.

A parada para reabastecimento e troca de pneus é o momento em que os protagonistas, carro e piloto, vão do movimento frenético à inação total. A tarefa está por conta dos cerca de vinte mecânicos que cuidam das duas missões. A divisão do trabalho deixaria Henry Ford de queixo caído. Tem o encarregado do parafuso do pneu, o homem que vai retirar o pneu usado, o outro que vai encaixar o novo. São pelo menos três mecânicos para cada pneu. Há também os responsáveis pelos macacos, um na frente e outro atrás, que levantam e abaixam o carro; o sujeito que segura a mangueira de combustível e por aí vai. Existe até um mecânico incumbido de levantar a plaquinha que libera o piloto a acelerar, conhecido como "homem-pirulito".

Desde 2011, as regras da Fórmula 1 não permitem mais o reabastecimento. A parada é apenas para troca de pneus. O aperfeiçoamento da técnica dos mecânicos, as variações das regras e o desenvolvimento da tecnologia levaram o pit stop, que durava mais de um minuto nas corridas dos anos 1950, para cerca de dois segundos nos tempos atuais. E pilotos seguem ganhando (e perdendo) posições a partir do desempenho e da integração de sua equipe de mecânicos naquele momento dos boxes, não apenas pelo próprio desempenho e do carro na pista.

## PASSANDO O BASTÃO

O revezamento 4 × 100 metros rasos é uma corrida excitante. Trinta e dois bólidos humanos dando uma volta completa na pista, em equipes de quatro atletas cada, um sucedendo ao outro. Uma prova de espírito coletivo em um esporte que é individual em sua essência.

No final dos anos 1990, Claudinei Quirino, André Domingos, Edson Luciano e Vicente Lenílson eram os melhores velocistas brasileiros, donos de marcas individuais significativas no âmbito sul-americano e titulares da seleção brasileira no revezamento 4 × 100 metros. Seus melhores tempos, porém, tornavam distante o sonho de medalhas olímpicas em suas provas de cem e duzentos metros.

Havia um muro, um aglomerado de centésimos de segundo que, por mais que eles treinassem, não conseguiam vencer. Se o centro de treinamento do grupo em Presidente Prudente, interior de São Paulo, contasse com mais estrutura e os atletas não tivessem de improvisar treinos de força carregando pneus ou empurrando carros, por exemplo, talvez eles avançassem nas marcas. Mas, com aquela realidade, não havia rotina de treinos dura o suficiente que fizesse cada um deles correr os cem metros em menos de dez segundos.

Jayme Netto Junior era o treinador do time brasileiro. Estudioso, com boa formação acadêmica, ele vinha analisando o momento crítico da prova de revezamento: a passagem de bastão. São três trocas de bastão entre os corredores, pois o primeiro já larga com o objeto em mãos. É obrigatório que todos corram com o bastão na mão, e a troca acontece em uma zona de vinte metros onde os dois corredores, o que entrega e o que recebe, correm juntos (detalhe importante: o tempo total do revezamento de uma equipe é sempre menor que a soma das melhores marcas individuais dos atletas nas provas, pois os três últimos largam já em velocidade, e não da posição parada).

"Eu notava que havia certa confusão na zona de troca. Um correndo em alta velocidade na frente do outro, tentando passar um objeto, o corredor da frente olhando para trás", explicou Jayme durante entrevista aos autores deste livro. Ou seja: risco alto de acidentes, tropeções, quedas de bastão. As técnicas utilizadas no mundo todo para passar o objeto de um corredor para outro eram duas: a ascendente, em que o passador faz o movimento de baixo para cima até as mãos do receptor, e a descendente, em que ocorre o contrário, de cima para baixo. Nas provas de velocidade, milésimos de segundo fazem a diferença entre a glória e o fracasso. Jayme passou meses matutando sobre uma maneira de tornar aquilo mais eficiente.

"Foi quando nós passamos a desenvolver uma técnica diferente para a zona de troca. Os atletas, em vez de correrem um atrás do outro para a troca de bastão, correm em paralelo, lado a lado. No momento do emparelhamento, começamos a treinar a passagem do bastão a partir de um movimento lateral. Isso diminuiu muito o risco de freadas e tropeços e acelerou a troca", detalhou o treinador na entrevista. "E o trabalho de gestão das pessoas foi fundamental. Até chegarem ao revezamento, os atletas são adversários mortais nas provas individuais. Tivemos de utilizar muitas estratégias e dinâmicas de grupo para que entendessem que, a partir daquele momento, não havia individualidades nem rivalidades, éramos o Brasil".

A nova técnica deu à equipe brasileira os segundos que faltavam para sonhar com glórias maiores. Foi assim que o quarteto avançou à final da prova nos Jogos de Sydney-2000. E ganhou a medalha de prata com o tempo de 37s90, 29 centésimos atrás dos favoritíssimos norte-americanos. O momento coletivo trouxe aquilo que, individualmente, os atletas não eram capazes de alcançar.

Os casos descritos – seleção de futebol da Grécia, remo, Fórmula 1, revezamento – põem em questão uma máxima em que empresários, altos executivos e alguns gerentes da área de recursos humanos ainda acreditam: "Para ter a melhor equipe, basta contratar os melhores profissionais". Não necessariamente.

O mais importante em um time é a engrenagem, um mecanismo formado por peças diferentes, com missões distintas, que precisam atuar em sincronia. Trabalhar em equipe significa colocar o interesse coletivo acima da esfera individual. Nem sempre os melhores profissionais, individualmente, são capazes de manter o brilho quando atuam na esfera coletiva.

Talvez você se recorde de certas passagens que aconteceram no futebol. O próximo capítulo traz um exemplo de um esquadrão estelar montado a preço de ouro e que não correspondeu às expectativas dentro de campo.

## PAUSA: UM POUCO DE HISTÓRIA

Ninguém sabe ao certo quando correr deixou de ser uma ferramenta de caça ou fuga, um ato instintivo a serviço da sobrevivência, para ser também fonte de prazer e diversão.

Porém é possível imaginar um momento em que dois seres peludos resolveram deixar a caverna e acelerar as pernas, não para escapar de um leopardo, mas para ver quem chegava mais rápido até o rio à frente. Ou para disputar quem era o mais forte, capaz de levantar pedras cada vez mais pesadas ou de derrubar o outro no chão.

Podemos imaginar também nossos antepassados atirando lanças – não apenas em animais selvagens para garantir o almoço, mas em troncos de árvore a fim de comparar seus dons de pontaria.

Foi descoberto no Egito um mural de 1850 a.C. com figuras que mostravam vários movimentos de luta. Pinturas rupestres planeta afora exibem humanos correndo, saltando, realizando toda sorte de movimentos em contextos claramente lúdicos. São evidências de que as práticas esportivas acompanham a humanidade há milhares de anos.

# 2

## JOGUE PARA O TIME

O Réveillon que marcou a chegada de 1995 foi especial para a nação flamenguista: o rubro-negro entrava no ano de seu centenário, e nada melhor do que celebrar a data ganhando títulos. No início daquele ano, a diretoria tinha contratado ninguém menos do que o melhor jogador do mundo: Romário, astro da Copa dos Estados Unidos, seis meses antes. Um *pool* de empresas, que tinha Brahma, Banco Real, Multiplan e até a Rede Bandeirantes, ajudou a levantar o dinheiro da transação com o Barcelona.

Na chegada, Romário desfilou pelo Rio de Janeiro em carro aberto. Com um ataque com o Baixinho e Sávio, a joia recém-promovida das categorias de base, ninguém seguraria o Mengão.

Mas, na primeira oportunidade, o Fluminense estragou a festa e venceu o campeonato estadual com um gol de barriga de Renato Gaúcho na decisão. O então presidente do clube, o carioca Kleber Leite, escancarou ainda mais os cofres flamenguistas e contratou Edmundo, estrela do Palmeiras, também saudoso das praias cariocas. A perspectiva de contar com um ataque daquele porte levou a nação rubro-negra ao êxtase. Rapidamente, surgiu o bordão: "Melhor ataque do mundo: Romário, Sávio, Edmundo".

O que aconteceu depois foi um retumbante fracasso. O trio jogou junto por seis meses, e o máximo que conseguiu foi chegar à final da Supercopa da Libertadores, um torneio de menor expressão. De resto, campanhas pífias. Na Supercopa, aliás, houve o episódio que marcaria para sempre o "melhor ataque do mundo". Em um jogo contra o Vélez Sarsfield, da Argentina, que o Flamengo decidiu levar para Brasília, onde tinha (e ainda tem) grande torcida, Edmundo acertou um tapinha provocativo no rosto do zagueiro Zandoná. Este não pestanejou: devolveu o tapa com mais força. Não satisfeito, armou um cruzado de esquerda que explodiu em cheio no rosto de Edmundo. O Animal, como é conhecido até hoje o atacante, caiu estatelado no chão. Romário tomou-lhe as dores e deu uma voadora no peito de Zandoná. E o que se viu foi uma batalha campal.

O "melhor ataque do mundo" foi desfeito antes do fim do ano. E o Flamengo ficou sem títulos no seu centenário. No Campeonato Brasileiro, escapou por pouco do rebaixamento. Décadas depois, em março de 2014, Sávio resumiu os motivos de tanta decepção em entrevista ao portal UOL: "O fracasso em campo era reflexo de tudo o que acontecia do lado de fora. Todo mundo via aquela zona". E, referindo-se a Romário e Edmundo, completou: "Tudo era muito difícil. As principais peças do time não entendiam que a instituição Flamengo estava acima dos interesses pessoais. Era muita vaidade, muita individualidade. O ego atrapalhou o que o time tinha de melhor. Era complicado".

Pior para a torcida do Flamengo foi aguentar as gozações dos rivais. Parodiando uma propaganda de uma companhia aérea que fez muito sucesso na época, eles cantavam assim: "Pior ataque do mundo, pior ataque do mundo, pare um pouquinho, descanse um pouquinho, Romário, Sávio, Edmundo".

Curioso pensar no contraste com o time do Flamengo de 2019, tão recheado de estrelas quanto aquele – Gabigol, Arrascaeta, Bruno Henrique, Éverton Ribeiro, Rodrigo Caio etc. Sob a liderança do técnico português Jorge Jesus, os craques deixaram o individualismo de lado e formaram um conjunto vencedor. Num fim de semana o Flamengo consagrou-se, ao mesmo tempo, campeão da Libertadores e do Brasileiro.

E assim o ano foi quase perfeito para o rubro-negro. O que estragou a festa não foi a derrota de 1 × 0, na prorrogação, para o Liverpool, que acabou levando o título de campeão no Mundial de Clubes de 2019. Os pontos negativos foram a omissão e a falta de sensibilidade dos dirigentes do Flamengo em relação às famílias dos dez adolescentes mortos em um incêndio no centro de treinamento do clube, o Ninho do Urubu, em fevereiro de 2019. Um ano depois do acidente, o clube ainda não havia fechado acordo de indenização com várias delas.

### PASSADAS PARA TRÁS

Treze anos depois daquela medalha de prata dos corredores brasileiros em Sydney, a seleção brasileira do mesmo revezamento 4 × 100 metros, mas em sua versão feminina, provaria de sabor oposto. O Brasil chegou à final do Mundial de Atletismo de Moscou com o quarto melhor tempo. Evelyn dos Santos, Ana Cláudia Lemos e Franciela Krasucki sustentaram a equipe na segunda posição, atrás apenas da Jamaica. Mas, quando Franciela foi passar o bastão para Vanda Gomes, ele escapou das mãos de Vanda e caiu no chão, acabando com qualquer chance de medalha. Frustrada, Vanda apontou falhas na preparação da equipe para o torneio. "Ficamos quarenta dias fora de casa, comendo mal, dormindo mal. É reflexo da preparação. Eu errei, a Franciele errou, é isso", disse a atleta.

A CBAT, Confederação Brasileira de Atletismo, disse que as meninas receberam toda a estrutura necessária. Poucos dias depois, no retorno da equipe ao Brasil, Vanda seguiu com declarações fortes. "Como sempre, pareço ter sido pega para Cristo... Eu reconheço meu erro, mas não é só meu. Não é só da Fran. É do grupo. Todas as vezes sobra para mim e para a Fran. Nakaya [Katsuhico, treinador da seleção] fica nos trocando de posição para amenizar algumas coisas. Eu estou me sentindo injustiçada por isso", disse a corredora. Ana Cláudia Lemos acabou escancarando que o relacionamento entre as meninas era algo muito longe do ideal: "Eu acho que a Franciela é uma excelente atleta, só ver os resultados do ano. Da outra, eu não tenho o que comentar. Um time a gente considera quando é unido. Ela não é unida com a gente", disse, sobre Vanda. A equipe literalmente se desintegrou.

Alto índice de individualismo e baixo grau de integração prejudicam a obtenção de resultados e levam ao fracasso não apenas no esporte, mas também nas empresas, na escola, na família. Executivos e gerentes que competem entre si na empresa, pais e filhos que não compreendem suas diferenças geracionais podem, com o tempo e o convívio, colecionar animosidades que dificultam ou inviabilizam o diálogo. A tensão se acumula numa teia cultivada por anos e anos de ressentimento, dissimulação, competição.

Quando não são capazes de perceber o enorme emaranhado em que estão presas, as pessoas às vezes necessitam de ajuda especializada. Por mais dolorida que venha a ser, a conversa franca e verdadeira é sempre a melhor saída. Aliás, em alguns casos, após baixa integração inicial e péssimos resultados, graças a ela a situação vira...

É o que demonstra a trajetória do relacionamento entre Hortência e Paula, as duas maiores jogadoras da história do basquete brasileiro, que eram estrelas em seus respectivos times, mas não conseguiam reverter seu brilho individual em resultados para o Brasil quando atuavam juntas na seleção.

## A RAINHA E A MÁGICA

Um avião, longas horas de voo pela frente, poltronas lado a lado e nada para fazer. Muitas vezes, é disso que duas pessoas precisam para aparar rusgas fomentadas por tantos anos. Aconteceu com Paula e Hortência em 1986, quando foram convocadas para uma seleção do mundo que jogaria uma partida festiva no Canadá. Os papos que tiveram no avião e durante os dois dias daquela viagem mudariam a história do basquete feminino no Brasil.

Magic Paula e a Rainha Hortência se conheciam desde a adolescência. Eram rivais nos campeonatos pelo interior de São Paulo, que até hoje se destaca nessa modalidade esportiva. Estavam acostumadas a jogar sempre uma contra a outra. A primeira vez que se juntaram na seleção brasileira foi em 1976, quando houve uma reformulação comandada pelo técnico Antônio Carlos Barbosa. Paula foi convocada aos 14 anos e Hortência, aos 17. Todos sabiam que elas eram absolutamente acima da média das demais jogadoras.

Magic Paula, armadora cerebral e introvertida, e a Rainha Hortência, visceral e expansiva, passaram a carregar nas costas o basquete feminino brasileiro. E a rivalidade entre elas e seus times, alimentada pela mídia e pelas próprias cidades, foi crescendo. Paula era a estrela e capitã da Unimep, de Piracicaba. Hortência desempenhava o mesmo papel na Prudentina, de Presidente Prudente, e depois na Minercal, de Sorocaba.

Se ambas faziam sucesso separadas, quando chamadas a jogar juntas o cenário era bem diferente. "Quando íamos para a seleção brasileira, os resultados eram ruins", contou Paula em conversa com um dos autores deste livro. "Íamos para competições internacionais, a Hortência podia ser a cestinha, eu eleita a melhor jogadora, mas éramos nono lugar, 11º lugar. Dava vontade de desistir, a gente começava a duvidar da nossa capacidade."

Levou 15 anos, desde a renovação de 1976, para que a seleção brasileira feminina de basquete conquistasse seu primeiro título de peso: a medalha de ouro nos Jogos Pan-Americanos de Havana, em 1991, contra a poderosa Cuba e nas barbas de Fidel Castro, presente no ginásio. Paula tem o motivo na ponta da língua: o muro que existia entre ela e Hortência foi derrubado. "A gente vivia uma coisa muito louca nos clubes. Era uma rivalidade que envolvia os times e as cidades, alimentada pela imprensa. Quando chegávamos à seleção, isso se repetia. Era a turma da Paula contra a turma da Hortência. As meninas que jogavam com meu time puxavam as coisas para o meu lado, e o mesmo acontecia com a turma da Hortência. Não tínhamos uma unidade. E nunca ninguém chegou e chamou nossa atenção para isso."

Até que veio a viagem para o Canadá, relembrou Paula: "Nessa viagem deu para a gente conversar bastante. Sacamos que estávamos sendo burras. Era bacana a coisa da rivalidade nos clubes, a gente enchia os ginásios e saía sempre no jornal. Mas a seleção não estava indo a lugar nenhum. Nós duas começamos ali a tomar consciência de que, independentemente do perfil de cada uma, a gente precisava respeitar o jeito de ser uma da outra".

Na volta ao Brasil, Paula e Hortência começaram a transformar em ponte a muralha que havia entre elas. "Quando a gente descobriu que éramos mais fortes juntas, outras meninas vieram para ajudar, como a Janeth", contou Paula. "A partir daí, começamos a funcionar mais coletivamente. Passamos também a ter mulheres mais altas, como a Cintia, a Leila, a Alessandra, todas com mais de 1,90 metro de altura."

Após a primeira grande conquista internacional, a Confederação Brasileira de Basquete resolveu encerrar o ciclo da treinadora Maria Helena Cardoso à frente da seleção. E surpreendeu ao chamar um jovem treinador carioca, Miguel Ângelo da Luz, então com 32 anos, formado em educação física, que tinha experiência apenas com o basquetebol juvenil, como treinador da seleção feminina. "Houve muitas críticas ao meu nome. Eu tinha a mesma idade da Hortência, era um desconhecido daquele grupo, enfrentava um olhar desconfiado por ser carioca, e o basquete feminino tinha sua força no interior de São Paulo", revelou Miguel a um dos autores. "Houve até ameaça de que Paula e Hortência não se apresentassem à convocação como forma de protesto."

O protesto não ocorreu, e as estrelas atenderam ao chamado para um ciclo que incluía o Mundial de 1994 e a Olimpíada de 1996, em Atlanta. "Eu precisava ganhar a confiança delas", disse Miguel. "E, particularmente naquela época, sentia que a relação entre as duas não estava em um bom momento".

Com a ajuda do supervisor Waldir Pagan, já falecido, um profissional atento às questões comportamentais, Miguel passou a adotar, como complemento dos treinos técnicos, atividades cooperativas visando à integração do elenco, com foco especial em reaproximar as duas principais estrelas. "Elas gostavam muito de aprimorar lance livre após a seção de treinamento. Nós da comissão técnica fazíamos questão de estar junto delas nesse momento, dispensando o menino que normalmente ficava pegando bolas e atuando nós mesmos. Era uma forma de mostrar que estávamos ali no mesmo barco", acrescentou Miguel. "Embora elas fossem as estrelas, nós nos preocupávamos também em tratar todas as jogadoras do mesmo jeito, sem fazer distinção."

Miguel Ângelo incluiu na rotina de treinos atividades que nada tinham a ver com basquete, mas possuíam alto poder lúdico e coletivo. Uma delas era o "pique-corrente", espécie de pega-pega em que as pessoas, conforme vão sendo "pegas", passam a correr de mãos dadas, como pegadoras, atrás das outras, em dupla, trio, quarteto e assim por diante. "Eu combinei com as outras meninas que daríamos um jeito de fazer a Paula e a Hortência correrem de mãos dadas. E conseguimos. Lembro que foi algo simbólico vê-las de mãos dadas naquele momento em que enfrentavam dificuldades na relação", contou. "E elas cumpriram a brincadeira com o maior profissionalismo."

Outra medida da comissão técnica chefiada por Miguel foi incluir as jogadoras nas decisões sobre estratégias de jogo. "Naquela época, não tínhamos acesso a vídeos e outras ferramentas sobre os adversários. Eu precisava ouvir informações vindas das jogadoras, que já haviam enfrentado adversários importantes. Dividíamos questões táticas com elas, pois eu queria que fossem minhas cúmplices, principalmente as duas, Paula e Hortência, que eram mais vividas", nos confidenciou Miguel.

Foi sob o comando de Miguel Ângelo da Luz e com a relação mais cooperativa entre Paula e Hortência que o Brasil alcançou as suas duas maiores conquistas da história do basquete feminino, ambas na Austrália: o Campeonato Mundial, em 1994, e a medalha de prata nos Jogos Olímpicos de Sydney, em 2000. "Tudo mudou quando eu entendi que não adiantava eu querer que a Hortência fosse como eu. A partir dali, passei a me colocar no lugar do outro. Quando isso acontece, tudo fica mais fácil", disse Paula. "No esporte, o jogo te deixa um pouco duro. Parece que não dá tempo de chamar alguém e dizer 'senta aqui, vamos conversar'. Nossa geração só passou a ganhar coisas quando entendeu que cada um tinha um lado bom para dar, cada um era importante naquilo que fazia. Algo como 'somos diferentes, podemos contribuir todos com nossas diferenças'."

### QUEM ENTENDE, FICA

A história protagonizada por Paula e Hortência evidencia que os resultados de uma competição não são obtidos apenas dentro de campos, quadras, tatames. Muitas vezes, eles são decorrentes de fatores extracampo. Um dos principais líderes do universo esportivo, Bernardinho, ex-treinador de vôlei das seleções masculina e feminina do Brasil, corrobora essa tese.

Em suas palestras e entrevistas, este líder tem apresentado suas estratégias para conseguir alto grau de sinergia e trabalho em equipe, e um resultado final bem maior que a soma dos valores individuais. Bernardinho montou na seleção masculina uma verdadeira máquina de vitórias: conquistou o heptacampeonato da Liga Mundial de Vôlei e várias medalhas de ouro, inclusive no Pan-Americano disputado no Rio de Janeiro, em 2007, e no Campeonato Mundial ocorrido no Japão, criando uma equipe de feras integradas.

Mas nem tudo foram flores no seu caminho. Logo após a vitória na Liga Mundial de 2007, o técnico decidiu cortar o grande destaque da competição, Ricardinho, considerado um dos melhores levantadores do mundo, às vésperas da estreia do Pan-Americano. Motivo: "falta de atitude condizente com o nosso projeto como equipe", noticiou a imprensa na época. Ou seja, Bernardinho não hesitou em sacrificar uma das estrelas em nome da manutenção do espírito de equipe.

A partir dali colecionou uma série de títulos relevantes, entre os quais a medalha de ouro na Olimpíada de 2016, disputada no Rio. Com uma equipe de doze jogadores, Bernardinho conseguiu identificar e estimular seis deles para exercerem, em algum momento, o papel do líder e, assim, inspirar a equipe como um todo.

Seu livro *Transformando suor em ouro*, publicado em 2011 pela editora Sextante, virou um best-seller. Na obra, Bernardinho narra as dores e delícias da construção de equipes vencedoras. Dentre várias passagens valiosas, chama a atenção um episódio que ilustra a importância de o interesse coletivo prevalecer sobre o individual:

"Sempre que me perguntam quando, onde e como eu senti pela primeira vez que estava treinando uma equipe campeã, respondo sem vacilar: foi no dia 22 de abril de 2002, no Centro de Treinamento do Exército, na Urca, cinco meses antes do Campeonato Mundial. A Federação Internacional comunicara os valores dos prêmios em dinheiro para os destaques individuais, que muitos consideram um estímulo para que o jogador brilhe, mas eu entendo como um incentivo à vaidade, ao ego, podendo até criar desequilíbrio dentro do grupo. Impressionantes US$ 100 mil seriam pagos nessas premiações. Reuni os jogadores e lhes fiz a mesma proposta que as meninas tinham recusado em 1994: quem ganhasse o prêmio individual ficaria com a metade (US$ 50 mil), pelo esforço, talento e desempenho, e dividiria o restante entre os demais jogadores, que o ajudaram a ter aquela performance. Concordaram. Demonstravam, com isso, não apenas desprendimento, mas solidariedade, companheirismo e o espírito de equipe de que são feitos os grandes vencedores. Um exemplo de consciência coletiva. Sensibilizava-me saber que a divisão de prêmios se tornaria regra entre eles. Basta ver como agiram no ano seguinte, na Copa do Mundo, no Japão. Não se combinou coisa alguma. Quando vi Giovane e Escadinha dividirem os seus prêmios, soube que o combinado um ano antes se tornaria uma norma para aquele grupo: os prêmios individuais se tornaram coletivos."

A contribuição de Bernardinho não se resume à hercúlea capacidade de integrar os membros de uma equipe. Ele é um expoente das outras quatro lições essenciais do esporte enfatizadas neste livro: inovação, superação, determinação e autogestão.

Um dos grandes desafios da liderança é proporcionar condições para que objetivos individuais sejam canalizados para o trabalho em grupo. É essencial fazer cada integrante de uma equipe entender que a conquista coletiva compreende também uma vitória pessoal. Não é algo simples, pois valores individualistas nunca estiveram tão disseminados, o que estimula a competição acirrada entre países, empresas e mesmo colegas de trabalho.

A resposta talvez esteja na própria história da natureza humana. Uma frase atribuída a Charles Darwin, o "pai" da teoria da evolução, diz: "Na longa história da humanidade, aqueles que aprenderam a colaborar e improvisar foram os que prevaleceram".

Entretanto, jogar para o time de forma integrada e complementar – ou seja, ser um bom *team player* –, é algo necessário, mas não suficiente. No esporte e na vida, o sucesso com alta performance exige elevada dose de determinação, foco no resultado e entrega explícita de corpo e alma, como veremos nos exemplos inspiradores que virão a seguir.

## PAUSA PARA REFLEXÃO

1. Descreva uma situação na qual você tenha percebido falta de integração:
a) No esporte
b) Em uma empresa
c) Em uma família
d) Em um grupo

2. Descreva uma situação na qual você tenha percebido alto grau de integração:
a) No esporte
b) Em uma empresa
c) Em uma família
d) Em um grupo

3. Dos exemplos deste capítulo, liste três lições que você extrai para aplicar no seu dia a dia.

4. Liste três atitudes que você precisa mudar para ser um líder mais integrador.

**BÔNUS PARA O LEITOR: 2 QR CODES**

Paula e Hortência: juntas, campeãs mundiais

Revezamento 4 x 100: a conquista da prata

# PARTE 2

# DETERMINAÇÃO

Não há sucesso sem uma boa dose de sacrifício e disciplina. Os atletas, assim como os profissionais em praticamente todas as atividades, não podem confiar apenas no talento, na competência técnica e na inspiração natural que possuem. Precisam de um conjunto de atitudes para realizar os seus sonhos e superar os resultados desejados. Dentre essas atitudes são relevantes muita determinação, perseverança e transpiração.

Fugindo da armadilha da arrogância do "eu sou craque", "isso eu sei fazer", "já sei tudo", precisam ter postura e disciplina de eternos aprendizes. É necessário humildade para reconhecer que a evolução é algo permanente, além de adotar como filosofia de vida o mantra da melhoria contínua: hoje melhor que ontem, amanhã melhor que hoje.

Uma grande lição a ser aprendida no esporte e na vida profissional é que o sucesso muitas vezes se torna o maior inimigo dele mesmo. Muitos se acomodam com os resultados conquistados, ou relaxam embevecidos pelos seus dons naturais. Esquecem-se de que cada jogo é um jogo, cada meta é uma meta. O que era resultado desejado no passado e virou uma conquista no presente é muito diferente do que será resultado no futuro.

Os profissionais de sucesso se destacam por um saudável grau de obsessão e inconformismo com o que já foi conquistado e estão determinados a melhorar sempre a sua marca pessoal. É como no esporte, afinal, competir em uma Olimpíada não significa apenas disputar com o outro atleta ou o outro time, mas competir consigo mesmo e superar suas limitações, colocando-se em um novo patamar. Isso exige determinação, foco, disciplina e enorme capacidade de "fazejamento", de fazer acontecer. Execução! Aliás, o cemitério corporativo está cheio de empresas que tiveram ideias brilhantes, produtos maravilhosos, estratégias fabulosas e sonhos notáveis. Mas faltou o básico: a determinação para executar a estratégia, tirá-la do papel e transformá-la em realidade.

Dê o seu melhor, faça ainda mais que o esperado. Entregue-se de corpo e alma. Foque o resultado, jogue para vencer, em vez de apenas jogar para não perder. Esses são os recados que apreendemos das trajetórias de craques como Oscar Schmidt (o Mão Santa), Fernando Meligeni (o Fininho), Rogério Ceni (o Goleiro Artilheiro), Cristiano Ronaldo (o CR7), Ayrton Senna (o Magic Senna, também apelidado de Rei da Chuva) e César Cielo, o atleta brasileiro mais premiado em campeonatos mundiais, com dezenove medalhas.

# 3

## ENTREGUE-SE DE CORPO E ALMA

Oscar Schmidt sorri quando lhe chamam de Mão Santa, o apelido que ganhou dos torcedores brasileiros pela espantosa capacidade de acertar a bola na cesta, não importasse a distância. Mas o gigante de 2,05 metros de altura não concorda com esse qualificativo. Não foi nenhum dom "sobrenatural" o que o fez acumular os 49.737 pontos em 1.615 jogos como jogador profissional de basquete (média de 30,7 pontos por partida). "Eu devia ser chamado de 'Mão Treinada'", fez questão de enfatizar Oscar a um dos autores deste livro, enquanto soltava sua estridente e inconfundível gargalhada.

A precisão na mão direita, explicou Oscar, foi construída com uma dedicação ferrenha, que incluía pelo menos quinhentos arremessos depois que a sessão de treinamento coletivo terminava. "Eu ficava sozinho batendo bola. Aliás, foi assim que soube que a Cris era a mulher da minha vida", contou. A "descoberta" aconteceu quando Oscar tinha 17 anos e já havia mudado de Brasília para São Paulo, atendendo a um chamado do Palmeiras. Ele namorava Maria Cristina e havia rompido o ligamento do tornozelo direito, contusão que o afastou por um ano das quadras. "Eu não era nenhum ídolo, nada. Era um juvenil", explica. "Quando voltei a treinar com bola, durante a recuperação, fazia isso sozinho e era muito chato. Se você acerta um arremesso, tudo bem, porque a bola sempre volta na sua mão. Mas se você erra, tem que ir buscar. Foi aí que chamei a Cris para me acompanhar. E ela topou!", disse. "E ficou comigo semanas, me ajudando nos treinamentos. Aí eu tive certeza de que tinha que casar com ela, não havia maior prova de amor. Na realidade, ela foi fundamental para que eu focasse na recuperação e nos treinos."

### "MÃO SANTA" UMA OVA!

Oscar conta que foi apresentado à modalidade aos 13 anos, no Clube Unidade de Vizinhança, na capital federal, e desde o primeiro dia sentiu que não queria outra coisa da vida a não ser jogar basquete. E ser um atleta profissional. "Eu comecei a treinar muito. Passava o dia treinando e rapidamente cheguei ao time titular. Fui convocado para a seleção brasileira juvenil com 15 anos e mudei para São Paulo. Ganhei todos os títulos juvenis possíveis, o que me fez ser convocado para a seleção principal com 16 anos", contou. "Fui cortado, claro. E jurei que nunca mais ninguém ia me cortar! Sou produto de treino, eu sei disso. Fiz todos os sacrifícios. Basquete é um jogo para o qual, se você fica dois meses sem pegar na bola, tem que ser apresentado de novo."

Oscar não precisou de muitas temporadas como profissional para virar uma das principais figuras da seleção brasileira, ao lado de Marcel, o que se repetiria nos clubes – seria também cestinha (maior pontuador) no Palmeiras, Sírio, Juvecaserta e Pava (Itália), Forum (Espanha), Corinthians e Flamengo, dentre outros. A confiança em seu jogo era tanta que Oscar acredita ter chegado a certo "transe" em algumas partidas. "Isso aconteceu umas vinte vezes na minha vida. Eu via todo o jogo como se estivesse em câmera lenta. O movimento dos jogadores, a trajetória da bola... Mas eu não estava em câmera lenta. Todo o resto, sim. E tudo o que eu fazia dava certo. Isso se chama concentração máxima", revelou. "O Ayrton Senna disse que via Deus em algumas situações. Acho que entendo o que ele disse. É entrar nesse momento de extrema concentração, com foco total."

Quando perguntam a ele de que abriu mão para se tornar o melhor jogador brasileiro de basquete da história – amigos, festas, férias, por exemplo –, Oscar não se alonga. "Tive que renegar tudo", revela, e já passa para o próximo assunto. Definitivamente, não é algo que o incomoda. Jogar basquete sempre foi tão natural, tão definidor de sua personalidade, que abrir mão de outras atividades não parece ter lhe causado maiores desconfortos, tampouco arrependimento.

E hoje, anos depois de sua aposentadoria, após ter vencido um câncer no cérebro, Oscar sabe que cada minuto que fez de treino a mais, cada arremesso que executou, sozinho ou com Maria Cristina ao lado, foram fundamentais para a lista de conquistas de sua carreira, que inclui, entre tantas outras glórias, um título mundial de clubes pelo Sírio (1979), uma medalha de ouro no Pan-Americano de Indianápolis em 1987 (com vitória na final sobre os Estados Unidos), participação em cinco Olimpíadas (sendo cestinha em Seul-88, Barcelona-92 e Atlanta-96), o reconhecimento como maior pontuador da história olímpica (1.093 pontos) e, o mais recente, um lugar no Hall of Fame da NBA, a liga de basquete norte-americana.

## SALIOLA: O PRODÍGIO QUE FICOU NA PROMESSA

O paulista tinha 14 anos e três meses de idade quando entrou para o *Guinness World Records*, o livro dos recordes. O adolescente havia liderado o ranking mundial juvenil e, ao vencer o paraguaio Hugo Chapacu na estreia da Gandini Cup, em Itu, no interior de São Paulo, em 1987, tornou-se o mais jovem a pontuar no ranking profissional, desbancando por cinco meses o mito sueco Björn Borg.

Saliola passou a ser tratado como um prodígio do tênis nacional. As expectativas só aumentavam conforme sua carreira se desenvolvia e os resultados iam aparecendo. Em 1991, no Aberto da República, em Brasília, conquistou uma vitória que alcançaria repercussão internacional: derrotou o espanhol Emilio Sánchez, então 12º melhor tenista do mundo, por 2 sets a 1. Naquele mesmo ano, ganhou medalhas de ouro e bronze nos Jogos Pan-Americanos de Havana, em Cuba. Saliola parecia pronto para consolidar uma carreira como estrela do tênis internacional.

Apenas parecia. O jovem tenista jogava tênis desde os 5 anos, mas se incomodava demais com a rotina de treinos e com as restrições impostas à sua vida pessoal. No final de 1991, aquele que foi seu melhor ano como tenista, o jovem atleta deixou boquiabertos patrocinadores, comissão técnica, familiares, amigos e o esporte brasileiro. "Na reunião para renovar meu contrato com os patrocinadores, eu disse que estava abandonando a carreira. Tinha 18 anos e não aguentava mais jogar tênis", confessou Saliola a um dos autores. "Agradeci a todos e frisei que nem por 1 milhão de dólares eu seguiria naquela vida."

A notícia caiu como uma bomba no mundo do tênis nacional. Saliola se refugiou em um sítio em Botucatu para esfriar a cabeça. De volta a São Paulo, passou a fazer tudo aquilo que queria – e que o esporte competitivo, segundo ele, não deixava. Namoros, festas, viagens com os amigos. "Coisas normais que um adolescente quer fazer", contou o atual professor de tênis.

Saliola acredita que poderia ter seguido em sua promissora carreira se tivesse tido mais compreensão das pessoas à sua volta: familiares, treinador, patrocinadores, imprensa. "Eu era uma criança e comecei a ter destaque cedo. E, daí, veio uma pressão enorme para ganhar sempre, treinar cada vez mais, corresponder às expectativas", disse. "E isso foi destruindo meu amor pelo tênis. Estava jogando para os outros. Eu não me divertia mais na quadra. Não gostava de competir."

Saliola evita culpar seu treinador. "Os excessos que cometeram comigo não foram por maldade, mas por me quererem bem", afirmou. "Era um certo desespero por terem um diamante nas mãos que precisa dar logo resultados."

O ex-tenista acredita que sua personalidade deveria ter sido mais bem compreendida e sua rotina de treinamentos aliviada para que não perdesse o prazer de jogar. "Olhando para trás, se eu estivesse no lugar do meu treinador, faria as coisas com mais calma, dando espaço para lazer e descanso até como prêmios para o desempenho em quadra. Eu não fui lapidado de forma correta", acredita. "Um treinador precisa conhecer pessoalmente o atleta, olhar nos olhos e entender o sentimento. Eu amo o tênis, mas aquilo me causou um trauma. Ainda hoje eu não gosto de competir."

Quem conhece o mundo do tênis sabe que diminuir a rotina de treinamentos é praticamente impossível. Que o diga Roger Federer: mesmo ao redor dos 40 anos de idade o tenista suíço segue treinando duro e sendo o maior da história.

Jamais saberemos os reais motivos da decisão de Saliola. O que se pode depreender dos seus comentários é a falta de harmonia entre as exigências da carreira de tenista profissional e seus anseios pessoais. Avaliar mais profundamente o nível de maturidade no momento em que resolveu largar sua carreira promissora de tenista é uma tarefa que compete apenas ao próprio Saliola.

## MELIGENI, TRANSPIRAÇÃO MÁXIMA

Quem admirava o talento de Saliola com a raquete nas mãos era um jovem apenas 3 anos mais velho do que ele: Fernando Meligeni, argentino de nascimento, brasileiro por opção. "Um tenista com a habilidade do Marcelinho e a minha vontade de treinar seria perfeito", comparou Meligeni, o Fininho, apelido que ganhou pela silhueta esbelta, durante conversa com um dos autores deste livro.

Fininho dividia com Saliola o quarto de hotel naquele torneio em Brasília em 1991. Ele também pegaria uma pedreira, outro espanhol, Javier Sánchez, irmão de Emilio Sánchez (e de outra futura estrela do tênis, Arantxa Sánchez). Meligeni não tinha grandes esperanças de vencer Javier, muito melhor ranqueado. Mas ouviu de Saliola a promessa: "Eu vou ganhar do Emilio". "E o Marcelinho foi lá e ganhou mesmo do 12º do mundo", contou Meligeni.

De noite, enquanto Fininho, que perdera o jogo, já preparava as malas para voltar no dia seguinte à capital paulista, onde vivia desde os 4 anos, ouviu Saliola combinar ao telefone um jantar com uma namorada. Em São Paulo. "Eu disse a ele: 'Você está louco? Amanhã você tem jogo, está vivo no torneio!'. E ele me respondeu: 'Não vai dar. Eu vou perder'." O que se viu no dia seguinte foi a eliminação da jovem promessa do torneio. Saliola pegou o voo e voltou a tempo do jantar. "A gente sabe quando o cara não está nem aí para o jogo", contou-nos Meligeni, que é amigo de Saliola até hoje.

Como atleta, Fininho era esforço puro, o oposto de Saliola, cujo talento transbordava. "Eu não era habilidoso. Sempre soube disso. Meu *forehand* era muito bom, meu *backhand* era ruim. Sacar eu fazia direitinho. Mas meu voleio era apenas aceitável", diz Meligeni sobre seus fundamentos. "Mas eu tinha uma baita perna, fisicamente era superdotado, e estrategicamente eu via o jogo muito bem. Minha parte mental era ótima".

E Fininho amava treinar. Não foi por menos que decidiu, aos 15 anos, voltar à sua Buenos Aires natal para evoluir na melhor academia de tênis da Argentina. "Foi uma mudança grande. Morava com a família em São Paulo, meu pai me levava de carro para o treino, vivia uma vida de classe média alta. Em Buenos Aires, passei a dividir quarto com outro tenista, aprendi a me virar e cuidava de tudo sozinho", conta. "Assim, cheguei a número um do mundo como juvenil."

De volta ao Brasil e decidido a competir pelo país, Meligeni aponta outro momento decisivo em sua carreira. Quando, em dezembro de 1995, Ricardo Acioly, o Pardal, seu treinador havia um ano e meio, veio chamá-lo para uma conversa: "Ele me disse que, se eu seguisse naquela toada, jogaria em bom nível mais uns 7 anos, transitando entre septuagésimo e centésimo do ranking mundial", lembra. "O Pardal achava que eu podia mais. Mas eu teria que topar, aos 24 anos, uma mudança radical no meu *backhand*, que era ruim. Havia o risco de eu piorar e, talvez, jamais recuperar aquele meu estágio. Mas ele acreditava que a mudança me levaria a outro patamar", contou Meligeni. "Eu topei na hora. Queria melhorar. Eu era um batalhador. Minha vontade de ser um atleta era muito grande."

Foi assim que o canhoto Fininho passou aquele final de ano fazendo exercícios de iniciantes, no paredão, para desenvolver uma técnica de *backhand* (o golpe do lado oposto à mão "boa") com uma mão apenas. Já no ano seguinte, Meligeni fez uma semifinal olímpica, em Atlanta. A derrota na disputa pelo terceiro lugar o deixou sem a medalha de bronze. Para dissabor de Fininho, foi a última Olimpíada com disputa de terceiro e quarto lugar. A partir de Sydney-2000, os semifinalistas derrotados passaram a ganhar, ambos, a medalha de bronze.

Com a mudança na técnica consolidada, Meligeni viveria o auge de sua carreira como tenista. Seu resultado mais expressivo foi chegar a uma semifinal de Roland Garros, em 1999, o que lhe rendeu uma ascensão para o 25º posto no ranking mundial.

Duas outras conquistas, entretanto, representam para ele sua essência como atleta, fruto de dedicação, foco, estratégia e disciplina. A primeira foi uma vitória sobre Pete Sampras pela segunda rodada do Masters de Roma, em 1999. Na época, Sampras era o tenista com o maior número de títulos de Grand Slam e de semanas na liderança do ranking. "Pardal se reuniu comigo na véspera e traçamos a estratégia de jogo", lembra. "Ele me disse o que fazer e o que não fazer: 'Primeira coisa: não olhe para ele antes do jogo, porque vai te intimidar. Segundo: mostre do primeiro ao último ponto que você vai estourar a esquerda dele, que é o ponto fraco desse cara'."

A estratégia era ganhar de Sampras física e mentalmente. O supercampeão estava em um hábitat que não era o dele, o saibro. "Mas era o meu preferido. Então, eu fui mostrando que ficaria ali o dia inteiro jogando bolas na esquerda dele. Se precisasse, eu jogaria cinco horas daquele jeito", explicou Fininho. O resultado foi 2 sets a 0 para o brasileiro, parciais de 6/3 e 6/1. No dia seguinte, um jornal de Roma estampava a seguinte declaração de Pete Sampras: "Hoje eu tomei uma aula de estratégia no saibro de Fernando Meligeni".

A outra conquista emblemática mencionada por Meligeni foi nos Jogos Pan-Americanos de Santo Domingo, em 2003, na partida que marcou sua despedida do tênis profissional. O brasileiro chegou à final contra um velho conhecido: o chileno Marcelo Ríos, que em seu auge havia ocupado por algumas semanas o posto de tenista número um do mundo.

O retrospecto de Fininho contra Ríos era o pior possível: cinco jogos, cinco derrotas. E o chileno começou vencendo o primeiro set por 7/5. Mas Meligeni não estava disposto a perder o ouro no seu último jogo. Em uma partida dramática, que durou quase três horas, ele venceu os outros dois sets, ambos no tie-break, e fechou a carreira, literalmente, com chave de ouro.

"Contra jogadores melhores, mais habilidosos, eu sabia que tinha que levar a partida longe. Se conseguisse aproximar de três horas, eu tinha alguma chance, porque meu preparo físico e mental era forte. Do contrário, eu perdia", afirma. "Foi um jogo duro, cheio de catimba, longo, estratégico. E nessas condições eu me sentia em casa."

Com a medalha de ouro no peito, Fininho declarou em entrevista após a partida: "Saio de cabeça erguida e muito feliz. Eu tinha que acabar minha carreira com a imagem de um vencedor, de um grande lutador do tênis".

No esporte, a capacidade de trabalho, a determinação, o foco e a disciplina podem, inclusive, elevar o patamar das habilidades inatas. Um exemplo claro dessa equação vem de Cristiano Ronaldo, o CR7, como é conhecido, eleito cinco vezes melhor jogador do mundo. Seus dribles – em especial a "pedalada" – não têm a beleza coreográfica dos movimentos gingados de Neymar ou Mbappé, mas são de uma eficiência lancinante. À exceção da Copa do Mundo, ele conquistou todos os títulos possíveis – com clubes e a seleção de Portugal –, frutos de uma dedicação incansável aos treinamentos, do físico de superatleta e do espírito vencedor. CR7 é um notável exemplo de determinação, garra, espírito de luta e entrega, de corpo e alma, facilmente perceptível dentro do campo.

Ainda no futebol, outro exemplo de entrega é Lionel Messi. Desde menino, ele cultivava o sonho de ser jogador de futebol profissional, e teve que superar barreiras físicas e psicológicas para se tornar um dos melhores da história.

## MESSI, O "DAVI" DE GUARDIOLA

Uma das lendas sobre Michelangelo diz que ele "viu" em uma pedra bruta de mármore um Davi e passou a lapidá-la. O resultado foi o que muitos consideram a mais sublime escultura humana. Bons líderes são também escultores – mas do talento alheio. Pep Guardiola, quando assumiu o comando do Barcelona, em 2008, olhou para o jovem Lionel Messi e teve uma certeza: aquela jovem estrela já luminosa poderia brilhar ainda mais.

Logo nos primeiros dias, o treinador pôs em prática sua abordagem holística de preparação do elenco, interligando estratégias de treinamento às de condicionamento físico e nutrição. Quando soube que a carne argentina era a base da alimentação de Messi, solicitou a elaboração de uma dieta especial para sua principal estrela. E foi assim, aos 20 anos, que Messi foi apresentado aos peixes, às verduras, aos alimentos mais saudáveis. E teve de dar adeus à máquina de refrigerantes, salgadinhos e doces que ficava à porta do vestiário do clube. "Você vai parar de se machucar tanto", assegurou o treinador ao pupilo.

Além da mudança alimentar, Messi recebeu atenção especial da equipe de preparadores físicos. Com a nova rotina, ganhou massa muscular e deixou de se lesionar com a mesma frequência de antes. O resultado em seu jogo foi nítido. Derrubá-lo com trancos passou a ser mais difícil. Messi transformou-se fisicamente. A primeira etapa de seu desenvolvimento estava realizada: 1,70 metro, 67 quilos e o corpo pronto para responder aos desejos de seu dono. Uma máquina preparada para produzir arte.

Guardiola sabia que tinha alguém absolutamente especial em mãos, e precisava maximizar esse talento em prol da equipe. Iniciou o trabalho promovendo uma revolução no perfil do elenco profissional. Deixaram o clube algumas estrelas consagradas – e bastante criticadas por certo "comodismo" – em prol da valorização de uma geração de jovens recém-promovida das categorias de base. Ele próprio, Guardiola, não era só um técnico formado no clube. Catalão, fora jogador, ex-capitão e ídolo da torcida. Mais importante do que ser um grupo de garotos era o fato de ser um elenco aguerrido e ambicioso, bastante conectado com os valores do clube.

A mudança radical de mentalidade era um dos pilares do trabalho do novo técnico. A entrega total aos interesses coletivos estava acima de tudo. Segundo o jornalista espanhol Guillem Balagué, biógrafo do treinador, Guardiola exige total comprometimento coletivo de cada um de seus jogadores, não só em jogos como também nos treinamentos diários – o que não significa que olhe seus comandados o tempo todo como iguais.

Outro pilar do trabalho de Guardiola pode até parecer paradoxal: havia uma consciência do clube de que tinha no elenco um talento excepcional, e muito se faria em função dele. A convivência desses dois conceitos, espírito coletivo e apoio a um talento individual, só se tornou possível pelo caráter de Lionel Messi e pela compreensão dos demais.

Assim escreveu Balagué: "O esforço para compreender e adaptar-se a Messi está justificado não só por seu talento, mas, sobretudo, por seu comprometimento. Leo deixa a pele em cada treino. Seus companheiros são testemunhas. Nunca disse: 'Sou Messi, você tem que fazer isso por mim'. Em geral, reconhece que não existe um 'eu' no conceito de equipe".

A entrega do argentino sempre esteve acima de qualquer dúvida. Ele era o destaque nos treinos e nos jogos. Resolvia as partidas, marcava os gols, melhorava o trabalho de todos. Assim, com essa liderança técnica do jovem astro legitimada por todo o grupo, Guardiola pôde inclusive tratá-lo de maneira especial. O vínculo entre ambos se estreitou ainda mais quando o treinador interferiu junto à diretoria do Barcelona para que Messi pudesse disputar a Olimpíada de Pequim pela seleção da Argentina, algo que ele desejava, mesmo com o ônus de desfalcar o clube. A Argentina ganharia a medalha de ouro. Guardiola ganharia Messi.

Nem nos seus melhores sonhos o treinador poderia imaginar uma primeira temporada tão perfeita como a que começou em agosto de 2008 e terminou em junho do ano seguinte. O Barcelona ganhou o Campeonato Espanhol, a Copa da Espanha e a Liga dos Campeões da Europa.

Guardiola seguiu buscando maneiras de elevar o nível do time e de sua estrela. E decidiu fazer uma mudança de posicionamento para que Messi participasse ainda mais do jogo. Ele saiu da ponta--direita e foi para o centro do ataque. Messi seria o "falso 9", ocupando uma área ao redor da posição onde atuaria com liberdade total de movimentos. Era assim que Pep queria seguir o plano de elevar ainda mais o nível do seu melhor jogador e, consequentemente, da sua equipe. No centro do ataque, Messi teria ainda mais chances de pegar na bola e jogaria em uma região que Guardiola considerava o ponto débil de seus principais adversários: o vão que se criava entre os volantes e os zagueiros. Sem a bola, Messi tinha permissão para descansar. Com ela, era como James Bond, o 007: tinha permissão para matar.

Messi viu suas estatísticas de eficiência dispararem. Na temporada 2009-10, ele havia marcado 47 gols (média de 1,09 gol por jogo) e dado onze assistências (passes para gol). Em 2010-1, fez 53 gols (1,40 por jogo) e deu 24 passes para gol. Em 2011-2, a última temporada sob o comando de Guardiola, marcou inacreditáveis 73 gols (1,68 por jogo) e deu 28 assistências.

O treinador estava certo. Messi elevou seu nível e o time todo veio a reboque. No total da era Guardiola, o Barcelona ganhou catorze títulos em quatro temporadas.

Com o ciclo encerrado, Guardiola foi ganhar títulos na Alemanha, pelo Bayern de Munique, e depois na Inglaterra, pelo Manchester City. De longe, viu seu pupilo seguir brilhando. Messi conquistaria, entre outros prêmios, seis vezes a Bola de Ouro como o melhor da Europa e outras seis vezes o prêmio de melhor do mundo da Fifa; cinco vezes foi eleito o melhor jogador do mundo pela tradicional revista inglesa *WorldSoccer*. Isso aos 32 anos – e com algumas temporadas pela frente.

Em outubro de 2019, a companhia Cirque du Soleil estreou em Barcelona o espetáculo *Messi10*, inspirado na trajetória e no talento de Lionel Messi. Foi o 46º espetáculo da companhia canadense – o primeiro a ter o esporte como tema.

## MELHORE SEMPRE, FAÇA MAIS QUE O COMBINADO!

Foi uma batida seca, por fora da barreira, à meia altura. O goleiro Adnan se esticou e conseguiu tocar na bola – mas não o suficiente para desviá-la do gol. O São Paulo abria o placar contra o União São João, de Araras, na partida que terminaria 2 × 0 para o time da capital. Aquele jogo aparentemente banal, de início de Campeonato Paulista, entraria para a história. Tudo porque, na cobrança, estava outro goleiro: Rogério Ceni, então com 22 anos, recém-promovido a titular do São Paulo pelo técnico Muricy Ramalho. Depois de seis meses treinando cobranças de falta e quatro tentativas frustradas em jogos, Rogério marcava seu primeiro gol como jogador profissional. A imagem de um goleiro celebrando com luvas e punhos fechados, sendo perseguido pelos colegas, era inusitada demais nos gramados brasileiros – havia apenas o paraguaio Chilavert marcando gols pelo Vélez Sarsfield, da Argentina. O feito de Rogério ganhou destaque nos noticiários do país inteiro.

Muitos gols vieram depois daquele no dia 15 de fevereiro de 1997. Rogério seguiu treinando de 2.500 a 3 mil faltas por mês, aprimorando sua técnica e precisão. Ceni virou também o cobrador principal de pênaltis do time. Em 20 de agosto de 2006, superaria a marca de Chilavert para se tornar o maior goleiro artilheiro da história. Encerrou sua carreira, em 2015, com 131 gols marcados em 1.237 partidas disputadas pelo São Paulo, seu único clube como jogador. Uma marca que deve demorar muito para ser superada.

Quando marcou seu centésimo gol, de falta contra o Corinthians, em 27 de março de 2011, Rogério deu uma longa entrevista ao site do Globo Esporte. "Eu comecei a bater faltas porque gostava. Antes de bater a primeira, treinei 15 mil cobranças", disse o jogador, invariavelmente o primeiro a chegar e o último a sair dos treinamentos. Determinação e disciplina muito semelhantes às de Oscar "Mão Treinada", diga-se de passagem. Muricy, que fora auxiliar de Telê Santana e acompanhou a chegada de Rogério aos profissionais, era testemunha dessa dedicação. "A gente não tinha batedor de falta e eu observava muito o Rogério nos treinos. Por isso, quando assumi, tomei uma decisão: vai bater quem treina, quem tem qualidade. Foi pensado. Não fui nenhum irresponsável", explicou o treinador em entrevista ao site do Globo Esporte também em março de 2011.

Rogério deu seus primeiros passos como treinador e conquistou três títulos pelo Fortaleza na temporada 2018-9. Sempre foi um jogador fora do padrão da profissão – na obsessão pela perfeição, na maneira de se colocar, na capacidade de articular raciocínios, na liderança pelo exemplo. Sua carreira de jogador é recheada de títulos – Campeonato Paulista, Brasileiro, Libertadores, Mundial de Clubes, Copa do Mundo.

Embora tenha sido um dos melhores goleiros da sua geração, é curioso pensar que será sempre lembrado, em primeiro lugar, pela sua habilidade não em defender, mas em marcar gols. É algo notável: não se contentar em ser ótimo em sua posição, mas se arriscar a fazer mais que o esperado – muito mais. Apenas uma personalidade forte, de alguém com ambições superlativas, cuja busca pela perfeição justificava cada gota de suor derramado, seria capaz de se lançar a uma empreitada dessas.

O senso comum jamais consideraria um goleiro como Rogério para ser o batedor de faltas e pênaltis do time. Apesar de seu empenho nos treinamentos, ele seria um dos últimos a ser requisitado para resolver aquele problema crônico do São Paulo com bolas paradas. A maioria achou uma loucura. Colegas de elenco olharam torto. Muricy, o próprio Rogério e seu preparador, Roberto Rojas, estavam do outro lado – daqueles que se perguntam o que podem fazer de diferente para resolver determinado problema. "No ano que eu comecei a bater faltas, o São Paulo havia feito somente um gol de falta. No ano todo. Aí eu chegava mais cedo aos treinamentos, pegava uma barreira móvel, um saco com vinte bolas. Foi uma das coisas que eu aprendi com o Telê Santana: chegar sempre meia hora mais cedo. Aí eu ia lá, alongava e começava a bater. Bater, bater, foi onde eu fui pegando", resumiu o goleiro em entrevista ao Roda Viva, da TV Cultura, em 2006 – qualquer semelhança entre o pé direito de Ceni e a mão treinada de Oscar, definitivamente, não é mera coincidência.

Mas Ceni não foi apenas um grande goleiro e o maior "goleiro artilheiro" do futebol mundial. Ele sempre se destacou como um líder atuante dentro e fora de campo. Instruía e também orientava o time dentro de campo, auxiliando o treinador. E tinha um papel fundamental no vestiário. Um dos momentos marcantes de sua liderança foi a decisão de, mesmo suspenso, viajar com o time para um jogo importante contra o Cruzeiro, no Mineirão, na reta final do Campeonato Brasileiro de 2013. A equipe mineira liderava a competição, e o São Paulo estava na zona de rebaixamento. Rogério, mesmo não relacionado para jogar, decidiu ir para dar força aos companheiros. E pagou do próprio bolso as despesas da viagem a Belo Horizonte. "Eu vou na hora do jogo. Quero estar presente, por livre e espontânea vontade. Sei que fora do campo não tem muita influência, mas quero estar com meus companheiros em um momento de dificuldade", explicou, em entrevista ao portal UOL.

Naquele jogo, com Rogério presente, o São Paulo surpreendeu o líder Cruzeiro, que seria o campeão, e venceu por 2 × 0, deixando a zona de rebaixamento.

Não surpreende que Rogério tenha começado a carreira de treinador e, em pouco tempo, conquistado seus primeiros títulos pelo Fortaleza.

Três anos e meio após a despedida de Ceni dos campos, em meio um vácuo de liderança e nenhum título, o Tricolor do Morumbi contratava uma referência à altura do ex-goleiro para seu elenco: Daniel Alves, o maior campeão da história do futebol, com quarenta títulos.

Dani deu uma entrevista emblemática ao youtuber e escritor Raiam Santos, que nos dá uma ideia clara de sua personalidade vencedora. "Eu não nasci para estar ao lado de medíocres, essa é a minha realidade. Mediocridade eu não quero do meu lado porque ela vai me fazer medíocre. Eu sou preocupado com a entrega. Se o cara me contratou para dar uma cambalhota, eu dou três. Eu dou a mais para ele. A entrega tem que ser maior do que o que as pessoas esperam", diz, em uma das passagens.

## BRIGAR NA ESCOLA OU LUTAR NO TATAME?

Crianças sadias pulam muros, correm na rua, gritam. Mas Rafaela Silva sabia muito bem quando a criança que fazia tudo isso era um "soldado" do tráfico fugindo da polícia. A senha para deixar as brincadeiras na rua e entrar logo em casa era uma trilha sonora formada por tiros de artilharia pesada. Na Cidade de Deus, favela da zona sul do Rio de Janeiro, a cena era corriqueira. Como crescer imune a tudo isso?

Rafaela era um tormento na escola. Brigava, tumultuava aulas, desafiava professores, não se concentrava. Um reflexo em carne e osso do mundo ao seu redor. Em 2000, quando fez 8 anos, seus pais souberam que um instituto chamado Reação, fundado pelo judoca olímpico Flávio Canto e seu treinador Geraldo Bernardes, que acabara de deixar a seleção brasileira após 20 anos, instalara-se em Jacarepaguá e oferecia gratuitamente atividades esportivas a crianças e jovens das comunidades do entorno. Luiz Carlos e Zenilda decidiram levar as filhas Rafaela e Raquel, de 11 anos, até lá. Melhor no tatame que na rua.

Geraldo Bernardes as recepcionou. "Logo vi na Rafaela características físicas e comportamentais que poderiam fazer dela uma grande atleta. Ela tinha braços longos, que lhe davam uma boa envergadura. Tinha uma ótima coordenação motora, pois as brincadeiras na comunidade estimulavam isso, como jogar futebol, trepar em árvores, soltar pipas. E soube que brigava muito na rua, pois, pela realidade que ela enfrentava, precisava se impor. Tinha atitudes que, se canalizadas para o judô, poderiam ser muito boas", contou Geraldo em conversa para este livro. O treinador também viu qualidades em Raquel. "Eu disse a elas que, se treinassem direito, eu faria das duas, no futuro, atletas da seleção brasileira de judô."

Onde a escola via estorvo e a família, motivo de preocupação, Geraldo enxergou possibilidades. "Eu sempre era chamado na escola, pois tínhamos um convênio com a rede municipal e era responsável pela Rafaela. A diretora contava os problemas que ela causava, que não saía da secretaria e corria risco de ser expulsa. Certa vez, por exemplo, estava com o braço engessado e deu na cabeça de um menino", lembra o treinador. "Eu ia lá e argumentava que ela precisava de muito mais atenção da escola que os outros, em virtude de ter vindo da Cidade de Deus".

Rafaela e Geraldo desenvolveram uma relação paternal. "Não há como não ter um envolvimento pessoal. Muitas vezes, eu banquei viagens e inscrições nos torneios com meu cartão de crédito. Se ela não tivesse participado daqueles torneios, não teria chegado onde está", disse o treinador. "Minhas filhas até ficavam enciumadas, dizendo que eu dava mais atenção à Rafa que a elas próprias", contou, sorrindo. "Quando você começa um projeto social, passa a ter duzentos, trezentos filhos, cada um com um problema. O envolvimento é muito maior do que trabalhar em um clube, onde você vai lá, dá seu treino e vai embora. E quando você descobre um diamante bruto, como era a Rafaela, você se doa cada vez mais."

Rafaela foi crescendo, evoluindo e alcançando resultados. As brigas na escola deram lugar às lutas no tatame. Geraldo desenvolvia estratégias para direcionar aquela personalidade forte para o judô. "Rafa não gosta muito de treinar, mas de competir. E ama desafios. Quando desafiada, produz muito. Eu usava uma metodologia diferente. Para fazer com que ela treinasse, combinava com as colegas para falar alguma coisa de que ela não gostasse. Algum desafio, como 'vou te pegar hoje, ganhar de você, coisa e tal'. Esse desafio fazia com que ela treinasse muito mais", revelou.

Oito anos depois de ter pisado pela primeira vez em um tatame, Rafaela Silva surpreendia a todos vencendo, aos 16 anos, uma das etapas da Copa do Mundo de Judô e se tornando depois campeã mundial sub-20. Como sua irmã Raquel, confirmou a profecia do treinador e chegou à seleção brasileira. No Pan de Guadalajara, em 2011, foi medalha de prata na categoria leve (até 57 quilos). No Campeonato Mundial em Paris do mesmo ano, foi novamente vice-campeã. Às vésperas da Olimpíada de Londres, em 2012, Rafaela Silva já era uma das melhores judocas do mundo.

Candidata à medalha nos Jogos Olímpicos daquele ano, a judoca venceu sua primeira luta e, na segunda, sucumbiu. Estava em vantagem, mas um ataque ilegal na perna da húngara Hedvig Karakas foi motivo de desclassificação. O golpe havia sido proibido 3 anos antes, em uma mudança na regra. A imagem de Rafaela chorando no tatame, incrédula, é uma das mais marcantes da história do judô olímpico brasileiro.

Não bastasse a enorme decepção, quando chegou ao hotel, a judoca foi dar uma olhada na repercussão de sua derrota nas redes sociais. E se deparou com uma enxurrada de ofensas: xingamentos violentos, manifestações racistas. Era demais para aquela jovem de 20 anos. Quando voltou ao Rio, Rafaela se recolheu e ficou quase quatro meses sem vestir novamente o quimono.

Geraldo, amigos e familiares começaram o trabalho de resgate da autoestima da atleta. De volta ao tatame, ainda em dezembro de 2012, conquistou um bronze na World Series. O ano de 2013 marcaria o início de um ciclo vitorioso. No Campeonato Mundial, disputado no Maracanãzinho, com a família toda na arquibancada, Rafaela teve desempenho perfeito e se tornou a primeira mulher brasileira campeã mundial de judô.

Os 2 anos seguintes, porém, não trouxeram os resultados que o título de melhor do mundo levaria a supor. Rafaela ficou longe dos melhores lugares do pódio. Geraldo considera que houve certa acomodação após a grande conquista. E assim, cercada de dúvidas, ela chegou aos Jogos do Rio em 2016. "Eu gosto quando ela não vem como favorita. Quando os outros não acreditam muito, ela surpreende", disse Geraldo, recordando suas táticas "provocadoras" no início da carreira de Rafaela.

O que se viu na Olimpíada foi novamente uma mulher focada, concentrada e competitiva. Ela pulverizou cinco adversárias, dentre elas a mesma húngara de 2012. Na final, derrotou por *wazari* Sumiya Dorjsuren, da Mongólia, então líder do ranking mundial. Rafa chegava ao topo, e suas palavras ao final da luta, em entrevista à TV Globo, diziam muito sobre a escalada: "Se eu pudesse servir de exemplo para crianças da comunidade, é o que eu tenho para passar para o judô. Treinei tudo que podia nesse ciclo, saía treinando, chorando, queria a medalha. Trabalhei o suficiente para conquistar. Para uma criança que cresceu numa comunidade, que não tem muito objetivo na vida, como eu, que sou da Cidade de Deus, e começou a fazer judô por brincadeira, agora sou campeã mundial e olímpica".

A determinação e a atitude de Rafaela de se entregar de corpo e alma para conquistar seus objetivos a fizeram pagar um alto preço. Um controverso episódio pôs à prova novamente a sua capacidade de superar obstáculos para competir na Olimpíada de Tóquio, que seria disputada em 2020 e foi adiada para agosto do ano seguinte. Um exame antidoping realizado em agosto de 2019 nos Jogos Pan-Americanos de Lima, no Peru, apontou a presença da substância proibida fenoterol na amostra de Rafaela. A judoca teve que devolver a medalha de ouro do Pan. A defesa alegou contaminação após uma brincadeira da atleta com a filha de um colega do Instituto Reação.

Vinte dias depois, no Mundial do Japão, Rafaela realizou outro teste antidoping e o resultado foi negativo. A judoca conquistou a medalha de bronze e se colocou em suspensão voluntária. Em janeiro de 2020, foi condenada pela Federação Internacional de Judô a uma suspensão de 2 anos. Seus advogados entraram com um recurso na Corte Arbitral do Esporte (CAS), a última instância do direito esportivo mundial, como tentativa derradeira de conseguir a ida de Rafaela à Olimpíada, adiada para 2021 por causa da pandemia de Covid-19.

A lição que este episódio de Rafaela nos ensina é que precisamos estar alertas e ter um cuidado obsessivo para que a fome de vencer não nos leve a cometer erros, mesmo involuntários. Precisamos ganhar, não apenas dentro da arena do esporte, no escritório, na sala de cirurgia, no canteiro de obras, no hábitat do exercício da profissão, mas também no entorno da nossa profissão. Precisamos estar atentos e fortes, focados e ligados, pois às vezes um pequeno descuido pode destruir a carreira ou a reputação de quem muito se dedicou para construir uma trajetória vitoriosa.

Oscar, CR7, Meligeni, Rogério Ceni, Messi e Rafaela Silva são exemplos inspiradores de atletas que se entregaram de corpo e alma para atingir seus objetivos. César Cielo e Ayrton Senna também, como veremos assim que você começar a ler o próximo capítulo.

## PAUSA: UM POUCO DE HISTÓRIA

Os gregos conquistaram, na história, a honra de ser o berço dos esportes. Não se sabe se foram eles que perceberam que além de brincar com o corpo e acessórios, como arco, flecha, pedras, cordas e depois a bola, essa miniatura do planeta, o objeto perfeito, também era divertido assistir às brincadeiras dos outros, ver do que eram capazes os mais dotados, nutrir simpatia por um deles, incentivá-lo. Será que foi ali que nasceu o torcedor?

Existem registros de que, no século IX a.C., as guerras eram interrompidas nas cidades-estados do Peloponeso, onde se realizavam os Jogos Olímpicos. As tropas depunham suas armas e só voltavam a lutar depois de encerrada a última competição. Atletas, familiares, artistas e torcedores podiam transitar pelas cidades em segurança durante os Jogos.

O barão Pierre de Coubertin, aristocrata francês apaixonado por pedagogia e história, usaria justamente essa capacidade do esporte em promover a paz como princípio para reavivar, na Era Moderna, a partir de 1896, os Jogos Olímpicos. As primeiras Olimpíadas aconteceram no âmbito das Feiras Mundiais, que celebravam as conquistas da ciência e a diversidade cultural entre os povos. A cada 4 anos, o evento passou a acontecer com mais força, mais recursos, mais autonomia, mais divulgação, mais países participantes.

# 4

## FOQUE O RESULTADO:
## JOGAR PARA GANHAR OU JOGAR PARA NÃO PERDER?

Uma nesga de vida. Milésimos, cacos de segundo, frações que enxergamos apenas no cronômetro digital. Esportistas de velocidade dão a vida por esses grãos de tempo. No caso de certo paulista de Santa Bárbara D'Oeste, ele urrava e desferia socos na água por quinze centésimos a seu favor. Muito menos que o tempo que você levou para ler esta frase. E que era a diferença que o placar apontava entre ele e o francês Amaury Leveaux, segundo lugar na prova. No Cubo D'Água, em Pequim, no dia 15 de agosto de 2008, César Cielo vencia os cinquenta metros nado livre, a prova mais rápida da natação, em 21s30 e se tornava o primeiro nadador brasileiro a se sagrar campeão olímpico. A emoção no pódio era grande. As entrevistas, com a medalha de ouro no peito, combinavam sorriso e lágrimas, seguindo o roteiro clássico dos atletas que alcançam a glória maior do esporte.

Por tudo isso, soa estranho que, pouco mais de 10 anos depois, lembrando a cena, Cielo revele que havia um toque de amargor naquela doce conquista. Algo que só ele sentia. "A primeira coisa que eu vi foi que meu tempo, 21s30, não era o novo recorde mundial. Por dois centésimos! Primeiro, então, veio uma rápida sensação de decepção. E depois, sim, a felicidade pelo recorde olímpico e a medalha de ouro." Como explicar essa ambiguidade de sensações? Como entender essa gota gelada em meio ao jato de água quentinha?

César Cielo começou a nadar aos 8 anos no interior paulista. Os traços de "animal competitivo" apareceram cedo em sua personalidade: "Eu cresci quebrando meus *video games*. Ia jogar *Mario*

*Kart*, queria fazer o tempo da pista e não sossegava até conseguir. Mas, se não batesse meus objetivos, jogava o negócio longe", disse Cielo durante nosso descontraído encontro em um restaurante paulistano perto do Clube Pinheiros, onde ele treinaria naquela tarde. "Eu botava na minha cabeça que ia nadar com um velocímetro amarrado em mim, a 2,11 metros por segundo de média, e não ia parar até conseguir. Tinha treino em que eu não ia para casa enquanto não alcançasse o tempo planejado. Se eu não conseguia, atirava o material. Não atingir meus objetivos sempre foi muito frustrante e doloroso para mim", explica Cielo.

A capacidade de traçar uma meta e cumprir com determinação todas as etapas que o levariam a alcançá-la é uma das marcas da carreira de Cielo. A certeza de que poderia ser um dos melhores nadadores do mundo veio, ele diz, quando, aos 15 anos, fez testes no Esporte Clube Pinheiros, em São Paulo. "Eu comecei a treinar com o Gustavo Borges, que era um ídolo. Meu nado é muito forte em relação ao deslocamento de água que consigo provocar com as braçadas. Fiz uns testes com dinamômetro e consegui gerar no movimento vinte quilos de força, contra dezoito quilos do Gustavo. Vi as pessoas comentando impressionadas. Aí percebi que eu era mesmo bom para a coisa", afirmou.

Manter-se focado na busca por objetivos exigiu um enorme sacrifício do adolescente César Cielo. "Os amigos me convidavam para ir ao cinema, sair à noite, mas eu nunca podia porque tinha que treinar de manhã bem cedo", conta.

Se a rotina de treinos no Brasil já era rígida, a dedicação aumentou quando ele conseguiu uma bolsa na Universidade de Auburn, no Alabama, um dos principais celeiros da natação norte-americana, onde foi treinar e, paralelamente, cursar comércio exterior – mudando, depois, para relações internacionais. "Entre os atletas, nós fazíamos um pacto de ficar dois meses sem sair, sem beber uma gota de álcool, essas coisas", revelou. "Autocontrole, para mim, é você saber antecipar as tentações e não perder o foco. Você vive o que está exposto à sua frente. Meu sonho ali era tirar um diploma de uma universidade americana e ver o que o esporte seria capaz de me dar."

Cielo tem uma receita peculiar para evitar a perda de foco. "Eu aprendi desde cedo o que, para mim, é a regra de ouro do esporte: você não tem que sentir, tem que fazer. Entrar em uma piscina gelada às sete e meia da manhã é difícil. Se você ficar pensando, não vai conseguir. A cabeça da gente é um inferno. O lance é você ganhar da sua cabeça", diz. "Na piscina, a única coisa que eu pensava era: 'Não pensa, não pensa'."

A confiança na própria capacidade foi essencial para que Cielo superasse momentos de baixa performance. Isso fez com que ele transformasse várias vezes um resultado ruim em estímulo dentro de uma mesma competição. "Eu não aceitava. Dizia para mim mesmo: 'Eu não sou isso na piscina'. Uma das minhas marcas sempre foi tirar coelhos da cartola. Eu nadava mal no primeiro dia, mas ninguém podia dizer que eu estava fora. Porque eu voltava e, na próxima prova, passava o rodo em todo mundo."

Essa confiança ajudou Cielo a superar o que talvez tenha sido o momento mais crítico de sua carreira. Em maio de 2011, durante o tradicional Troféu Maria Lenk, no Rio de Janeiro, César testou positivo no exame antidoping para furosemida, usada tanto para perder peso quanto para mascarar outras substâncias dopantes. A defesa do nadador alegou contaminação em um suplemento que ele utilizava corriqueiramente, produzido por uma farmácia em sua cidade natal. "Eu não tinha nada a ver com a história. Quando apareceu, me perguntava de onde aquilo tinha vindo. Mandei todos os meus suplementos, cerca de doze, para análise, gastei uma grana. Estava na cara que era uma contaminação."

Cielo admite que até hoje não gosta de se lembrar do caso. "Dizer que você sai mais forte de uma situação dessas é mentira. Foi algo que me machucou, só me atrapalhou. Surge uma paranoia, eu ia tomar água e olhava a garrafa com desconfiança. Eu nunca fiz nada de errado, foi culpa da farmácia que fez o suplemento. Mas eu pensei: isso não vai me tirar o foco. Minha reação foi instantânea. Vou ganhar o Mundial e esfregar a medalha na cara de todo mundo. E fazer os exames para mostrar que minhas performances são genuínas. Com isso, eu dormia tranquilo todos os dias, pois sabia que os meus resultados eram frutos de ralação, conquistados a cada dia."

Dois meses depois da divulgação do resultado positivo, a Corte Arbitral do Esporte emitiu o laudo final do julgamento, acatando a tese da defesa e absolvendo o nadador. Liberado, Cielo viajou a Xangai para o Mundial de Natação. Voltou com mais duas medalhas de ouro, nos cinquenta metros borboleta e cinquenta metros nado livre.

### CHEGUEI NO EVEREST! E AGORA?

César Cielo conta que viveu o que podemos chamar de um certo "vazio dos vencedores". No Campeonato Mundial de Piscina Curta de 2014, em Doha, no Qatar, ele ganhou cinco medalhas, três delas de ouro. "Ainda no pódio, pensei: consegui tudo o que queria. Tenho nove títulos individuais no Mundial, um ouro olímpico, dezesseis medalhas ao todo em Mundiais... E agora? Vou me matar para conseguir de novo a mesma coisa?", conta. "Ia virar uma obrigação, algo que não me preenchia mais. A metáfora é essa: cheguei no Everest. E agora, vou subir para onde?".

No mundo corporativo, essa angústia é comum entre os empreendedores quando atingem um elevado grau de sucesso: vale a pena iniciar um novo empreendimento ou o melhor a fazer é saborear as conquistas? Ou quem sabe se reinventar, dedicando-se, por exemplo, a uma causa social?

Em 2015 e 2016, Cielo conta que só enrolou. Encarou com frieza a decepção de ficar de fora da Rio-2016: "Eu não treinei, não merecia estar lá". O retorno aos treinos mais fortes viria em 2017 por uma razão simples: Cielo não queria terminar a carreira daquele jeito. Voltou a treinar e, em dezembro de 2018, conquistou duas medalhas de bronze (revezamentos 4 × 100 metros e 4 × 50 metros medley) no Mundial de Hangzhou, na China. As conquistas fizeram dele o atleta brasileiro mais premiado em campeonatos mundiais, com dezenove medalhas, superando em dois pódios o velejador Robert Scheidt. "Isso me deu paz. Sei que já fiz minha parte."

Enquanto planeja o encerramento da carreira de atleta, Cielo vai começando a de empresário. Dentre outros negócios, virou sócio de um fabricante de artigos para esportes aquáticos. E garante que leva muitos ensinamentos da piscina para o escritório. "Eu sempre me senti um camaleão, me adaptando ao que está acontecendo ao redor. Troquei muitas vezes de treinador. As pessoas me perguntavam por que a troca quando eu estava no auge. Eu respondia que tinha que continuar melhorando. Nas mudanças, nas adaptações é que aparecem as novidades."

## CENTÉSIMOS A MENOS

Centésimos foram tão relevantes para a carreira de César Cielo quanto para a do jamaicano Usain Bolt. Mas, ao contrário do nadador, o gigante de 1,95 metro nunca teve um adversário à sua altura, literalmente. Seu porte privilegiado, aliado a uma notável disciplina de treinamento técnico e físico, fez de Bolt um atleta imbatível, que passou a competir apenas consigo mesmo.

Foi assim que o jamaicano pulverizou repetidas vezes o recorde mundial da prova mais nobre do atletismo: os 100 metros rasos. Por três vezes, ele estendeu os parâmetros dos limites de velocidade do corpo humano: em maio de 2008, correu os cem metros em 9s74, batendo a marca anterior de seu compatriota Asafa Powell. Poucas semanas depois, nos Jogos Olímpicos de Pequim, baixou para 9s69. Já era um assombro.

Especialistas avaliavam que levaria mais uma década para uma nova fração decimal ser quebrada na prova – ou seja, o limite máximo de velocidade para correr os cem metros seria 9s60 nos próximos 10 anos. Mas, no ano seguinte, no mundial de Berlim, Bolt assombrou novamente o planeta ao correr a prova em 9s58 – estupendos onze décimos de segundo abaixo de sua marca anterior e dois décimos de segundo de "lambuja" abaixo do limite especulado pelos experts. Ou seja: no intervalo de um ano, Bolt simplesmente "pulou" a casa dos 9s60.

Usain Bolt desafiava a ciência na mesma Berlim em que Jesse Owens desafiara as ideias supremacistas de Hitler 73 anos antes. Até sua ascensão, pesquisadores previam a evolução do recorde dos cem metros rasos com uma cronologia muito mais lenta. O estatístico Tatsuo Tabata, por exemplo, do Instituto de Avaliação de Dados e Análises do Japão, usando um modelo matemático baseado em todos os recordes dos cem metros pré-Bolt, projetou que o homem alcançaria tal façanha somente perto do ano 2040!

Pois Usain Bolt obrigou os matemáticos a reverem seus modelos preditivos. A marca de Berlim fez os estudiosos vislumbrarem um novo limite de velocidade: o homem será capaz de correr os cem metros a 9s09. Resta saber se um novo Bolt pode, de novo, embaralhar as previsões dos cientistas.

Como se não bastasse, Bolt também reinou nos duzentos metros rasos. Nos Jogos de Pequim, estabeleceu novo recorde mundial em 19s30. Dois anos depois, voou ainda mais baixo: 19s19.

Usain Bolt se aposentou em 2017 com nove medalhas de ouro olímpicas na bagagem: ganhou, de forma consecutiva, as provas de cem metros, duzentos metros e revezamento 4 × 100 em Pequim-2008, Londres-2012 e Rio-2016, um feito extraordinário. Daí, pendurou o tênis de corrida e calçou as chuteiras. Bolt foi para a Austrália realizar um sonho excêntrico: disputar algumas partidas como jogador de futebol profissional pelo time do Central Coast Mariners.

Nisso, lembrou outro "monstro sagrado" do esporte, o norte-americano Michael Jordan, que, após conquistar todas as glórias na NBA com o Chicago Bulls (e nas Olimpíadas com o Dream

Team dos Estados Unidos), foi se arriscar, em 1994, no circuito profissional de beisebol, sua outra paixão. Pouco depois voltou ao basquete para liderar o Chicago Bulls em um tricampeonato na NBA. Em 2000 passou a ser dirigente-jogador do Washington Wizards, o time da capital norte-americana.

A trajetória de Jordan nos Bulls, que rendeu à franquia, nos anos 1990, seis títulos da NBA, é narrada brilhantemente na série documental *Arremesso Final*, produzida pela Netflix em parceria com a ESPN. Os ensinamentos são muitos e extrapolam as quadras. Jordan, claro, é o principal "professor". Sua obstinação pela vitória, a busca permanente pela perfeição, a liderança pelo exemplo... "Ganhar tem um preço e liderança tem um preço. Eu pressionei as pessoas quando elas não queriam ser pressionadas. Mas uma coisa que eu nunca fiz foi pedir a eles algo que eu mesmo não estivesse disposto a fazer", diz em um dos episódios. Outro protagonista da trajetória do Bulls é o treinador Phil Jackson, que chegou focado em colocar o talento de seu maior astro a serviço do time, "puxando" o nível de seus companheiros para cima e fazendo-o compartilhar com eles as responsabilidades. Phil mostrou a Jordan a importância de ele jogar para o time e não querer que o time jogasse em função dele. Essa mudança de atitude fez toda a diferença na conquista inédita de dois tricampeonatos na NBA. É notável, por exemplo, a sensibilidade do treinador de entender e lidar com personalidades tão distintas quanto Jordan e o exótico, boêmio e incontrolável Dennis Rodman, fazendo com que se encaixassem em um sistema coletivo comprometido e vitorioso.

Assim como na vida empresarial e na gestão da nossa carreira, nem tudo anda em linha reta. Mesmo Bolt e Jordan sofreram revezes nas competições e na vida pessoal (lesões, incidentes, problemas familiares etc.).

Às vezes, o complicador pode vir de uma fonte inesperada, como o papel que somos chamados a desempenhar. Foi o que aconteceu com o piloto Rubens Barrichello. E as repercussões desse fato são sentidas até hoje.

### PROTAGONISTA OU COADJUVANTE? EIS A QUESTÃO!

Em setembro de 2019, o ex-piloto de Fórmula 1 Nico Rosberg, campeão mundial em 2016, publicou um vídeo em seu canal do YouTube analisando a vitória do piloto Charles Leclerc, da Ferrari, no Grande Prêmio da Bélgica, a primeira da carreira do corredor nascido em Mônaco. A certa altura, Rosberg fez uma referência nada elogiosa a Rubinho Barrichello, ex-colega de profissão nascido no Brasil. Ao analisar o papel de mero coadjuvante que o companheiro de equipe de Leclerc, o respeitadíssimo alemão Sebastian Vettel, desempenhou na corrida, Rosberg disse: "Coitado! O pobre Vettel parecia o Barrichello naquela corrida, deixando o companheiro passar e o ajudando. Para um tetracampeão, isso é inacreditável. Ele não deve estar muito feliz com isso".

A referência a Barrichello tinha como fato emblemático o Grande Prêmio da Áustria de 2002, quando o brasileiro, então piloto da mesma Ferrari, liderou toda a corrida, mas, na reta final, acatando ordens da equipe, pisou no freio e cedeu a vitória a Michael Schumacher, principal piloto da escuderia italiana, que vinha em segundo lugar. O gesto gerou muitas críticas no universo do automobilismo, com o interesse da escuderia interferindo na justiça do resultado naquela corrida. Foi um episódio tão marcante que, até hoje, é usado quando alguém faz alusão a uma interferência externa dos chefes das equipes no resultado de uma corrida – como fez Rosberg.

No Brasil, o gesto de Barrichello causou indignação no meio esportivo – além de virar piada após a narração de Cléber Machado, que torcia para que o brasileiro "desobedecesse" aos chefes e cruzasse em primeiro ("Hoje não, hoje não... Hoje sim!", dizia Machado, desapontado). Entre milhares de torcedores, entretanto, o episódio só reforçava a imagem pública de Rubinho de um piloto sem ambição, subserviente aos chefes, disposto a renunciar à glória para se segurar no cobiçado (e muito bem pago) cargo de segundo piloto da Ferrari.

Mas a trajetória do paulistano Rubens Barrichello no automobilismo é recheada de glórias. No kart, foi cinco vezes campeão brasileiro. Já na Europa, em 1990, foi campeão da Fórmula Opel no seu ano de estreia. No ano seguinte, mais um título: na Fórmula 3 Inglesa. Em 1993, já estava na Fórmula 1, a categoria principal do automobilismo mundial, pela equipe Jordan. No ano seguinte, conquistava seu primeiro pódio e terminava o campeonato em sexto lugar, à frente de pilotos de equipes favoritas, como Williams, Benetton e McLaren.

O Brasil, que vinha de uma sequência de pilotos extraordinários campeões na Fórmula 1 – Emerson Fittipaldi, Nelson Piquet e Ayrton Senna –, começava a ver Barrichello como o sucessor no trono. E após a morte de Senna, em 1994, as esperanças dos aficionados brasileiros foram todas canalizadas para Rubinho. As cobranças aumentaram quando ele chegou, em 2000, aos 28 anos, à badalada equipe Ferrari.

No entanto, o que aconteceu a partir dali foi uma total estagnação. A trajetória sempre ascendente do piloto encontrava um teto intransponível justamente quando ele atingia o ápice – na idade e no equipamento que tinha em mãos. A Ferrari priorizava Michael Schumacher, que se tornaria o maior campeão da história da categoria, com sete títulos, e Barrichello seria seu fiel escudeiro. E só.

De 2000 a 2005, Rubinho seria duas vezes vice-campeão mundial, venceria nove GPs e acumularia dinheiro para sustentar com conforto algumas gerações de descendentes. Ganharia também a indesejável pecha que o acompanha até hoje: de alguém subserviente, sem ambição, acomodado. Em relação às associações que se fazem no Brasil, a fala de Nico Rosberg soa até leve. Rubinho foi (e ainda é) satirizado em programas de humor da TV, piadas na internet, figurinhas de WhatsApp. Pouco se fala sobre suas conquistas na carreira, dos quase 20 anos na elite do automobilismo, do recorde que possui de participações em corridas da categoria.

A pergunta que fica é: e se Rubinho, naquela corrida emblemática, tivesse se revoltado e cruzado a linha à frente de Schumacher? E se tivesse, pelo menos uma vez, "trucado" seus chefes em nome do sonho que acalentava desde o primeiro dia em que sentou em um kart? É algo que jamais saberemos.

## OBSESSÃO PELA VITÓRIA

Terminar uma corrida na enfermaria era comum para o jovem Ayrton Senna da Silva quando dominava a Fórmula 3 Inglesa, espécie de "vestibular" dos pilotos que sonham ingressar na Fórmula 1. Seu corpo, franzino e frágil, vivia em descompasso com o enorme poder de raciocínio e de tomada de decisões do seu cérebro de piloto – e o impressionante talento dos seus braços ao volante. Campeão da categoria em 1983, Senna assinou contrato com a equipe Toleman para ingressar na elite do automobilismo. Em meio à euforia do sonho realizado, um detalhe o preocupava: se sofria tanto para terminar uma corrida que não durava nem meia hora, o que aconteceria com seu corpo na Fórmula 1, cujas provas duravam quase quatro vezes mais?

Quando conquistou seu primeiro ponto na Fórmula 1, no GP da África do Sul de 1984, Senna mal pôde celebrar, tamanhas as dores que sentia nas costas e no pescoço, que o levaram ao centro médico imediatamente após a prova. Ali, Senna teve certeza de que algo precisava ser feito.

Em 1984, uma época em que era comum ver pilotos fumando na área dos boxes, Ayrton tomou a decisão de procurar Nuno Cobra, um preparador físico inovador que anos depois se envolveria em um episódio de assédio a uma jornalista. Ambos iniciaram um intenso trabalho que tornou Senna um atleta forte e resistente, o corpo pronto a responder às exigências de uma mente obcecada pela vitória, capaz dos maiores sacrifícios em cada metro de treino, em cada centímetro de corrida, em busca do sonho de ser o melhor piloto da melhor categoria do automobilismo mundial.

Um ano após a temporada de estreia, Ayrton Senna já estava na Lotus, onde atuaria por 3 anos e conseguiria seis vitórias. Seu desempenho atraiu o interesse da McLaren, melhor e mais poderosa equipe da época, que tinha em suas fileiras o francês Alain Prost, então bicampeão mundial. A condição de Senna para aceitar o convite foi de que não houvesse, como é de praxe na modalidade, a distinção entre "primeiro e segundo piloto". Ambos deveriam ter estruturas iguais – tanto de carro quanto de engenheiros e mecânicos. Logo na primeira temporada na McLaren, Ayrton Senna realizava o sonho de ser campeão mundial de Fórmula 1. Das dezesseis corridas daquele ano, Senna e Prost se revezaram no lugar mais alto do pódio em "apenas" quinze.

Na temporada seguinte, em 1989, a McLaren mantinha seus prognósticos de hegemonia total da categoria – a melhor equipe, os melhores pilotos, os melhores carros, os melhores projetistas e engenheiros. O Dream Team, como se dizia.

### MUY AMIGOS...

Às vezes, ser determinado e jogar sempre para ganhar tem um custo alto. Como acontece com qualquer outra pessoa na vida cotidiana, os campeões no esporte não estão imunes a excessos e podem ser questionados, gerar inimizades, entrar em polêmicas e enfrentar situações de mal-estar.

Na abertura da temporada de 1989, no Rio de Janeiro, circuito de Jacarepaguá, Senna se envolveu em um acidente logo na largada e viu frustrada sua tentativa de triunfar em seu país. Para a corrida seguinte, o Grande Prêmio de San Marino, tentou minimizar os riscos de uma batida precoce propondo um acordo à equipe e ao companheiro Prost: quem chegasse à frente na curva Tosa, primeiro ponto de freada, não receberia um ataque do colega.

Acordo feito, Ayrton largou na frente e não recebeu assédio de Prost, tomando a liderança. Mas um acidente com Gerhard Berger, na quarta volta, interrompeu a corrida para atendimento ao piloto e desobstrução da pista. Na nova largada, Prost arrancou melhor e assumiu a ponta. Mas, na mesma curva Tosa, Senna acelerou e ultrapassou o francês, assumindo a ponta até a bandeirada final.

No pódio, as imagens mostravam um Alain Prost com cara fechada, claramente contrariado. Nas horas seguintes, a imprensa divulgou o motivo da carranca do francês: o descumprimento por parte de Senna do acordo que ele próprio havia proposto. A explicação de Ayrton de que o acordo valia apenas para a primeira largada (e aquela era a segunda) não convenceu a crítica. No Brasil, a idolatria por Senna era tão grande quanto a antipatia por Prost, e se viu pouca reprovação, na imprensa nacional, à conduta do ídolo. Mas o francês jurou que jamais voltaria a abrir espaço para uma ultrapassagem de Senna.

Nascia ali o que muitos consideram a maior rivalidade da história da Fórmula 1, que contou com episódios ainda mais polêmicos que o da curva Tosa – como a batida proposital de Prost em Senna em Suzuka, no Japão, que garantiria o título de 1989 para o francês; na temporada seguinte, Senna daria o troco na mesma pista, fechando a passagem intencionalmente para o francês, agora na Ferrari, provocando a batida e a eliminação de ambos da prova, fato que tornaria o brasileiro, dessa vez, bicampeão mundial.

Ayrton Senna ganhou três títulos mundiais em sua carreira. Muitos acreditam que seria o maior vencedor da história se não tivesse morrido em Ímola, na Itália, naquele trágico acidente de 1994. Não são poucos os que o consideram o piloto mais talentoso que a Fórmula 1 já viu em suas fileiras.

Para Senna, a busca pela vitória era inegociável. Não esteve livre de erros e deslizes, na pista e fora dela, algo inerente à condição humana. Seu lugar na história é, sem dúvida, o topo. Aquele reservado aos vencedores, aos que colocam todo o seu talento e a sua capacidade de trabalho em prol de um objetivo: jogar para ganhar, fazer o melhor, ser o melhor. Porém, da mesma forma que acontece nos investimentos financeiros, a possibilidade de ganhos maiores vem sempre acompanhada de riscos proporcionalmente grandes.

## DA QUEDA, UM PASSO DE DANÇA

Pode parecer estranho, mas um vencedor não se faz apenas com vitórias. Saber aproveitar os ensinamentos que uma derrota traz é um dos principais aprendizados que Marcos Dimanfá, praticante de kung fu Hung Gar, tirou das competições. "Uma das primeiras lições do kung fu é aprender a cair e prontamente se levantar para continuar a lutar", disse em entrevista aos autores deste livro.

Aos 41 anos, colecionou títulos na modalidade. Em 2019, foi campeão paulista e brasileiro de kung fu kuoshu nas categorias armas longas, armas especiais e mãos sul, todas de demonstração.

Marcos Dimanfá começou nas artes marciais aos 8 anos e competiu até o início da vida adulta. Mas a faculdade e o trabalho ocuparam o lugar do kung fu na sua lista de prioridades, e Marcos se afastou por 15 anos da modalidade.

Já casado e pai de uma menina, Flora, decidiu que era hora de retomar as competições. Hoje, brilhando novamente no esporte, Marcos recorda que os momentos difíceis o fizeram crescer: "No primeiro torneio que disputei após minha volta, eu achava que estava pronto para vencer. Mas perdi. Coloquei toda a minha energia pensando na vitória e não consegui. Veio a decepção e a perda da confiança".

O estímulo para voltar a treinar forte veio de sua mestra, Cibele Santos – primeira atleta mulher do mundo formada no Hung Gar pelo mestre Li Hon Ki. "Ela me ensinou que o primeiro degrau é sempre difícil. E que eu não devia ir para o tatame pensando em derrotar o adversário, mas em dar o melhor de mim."

Alguns torneios depois, Marcos reencontraria o mesmo adversário pela frente. "Lembrei-me da mestra e me preocupei com o que eu iria fazer. E venci arriscando um movimento onde abria um espacate frontal, fazia um parafuso com a perna, dava três giros e um pulo para frente, com as armas postas", esclareceu durante nossa conversa. "Hoje, sei que o resultado e a alta performance são consequências do desempenho físico, mental e espiritual."

A lição de Marcos sobre a importância de aprender com as derrotas encontra eco no famoso romance *O encontro marcado*, do mineiro Fernando Sabino. Na frase final da primeira parte, ele recomenda ao leitor "fazer da queda um passo de dança".

### MAMÃE CORAGEM

Também das artes marciais vem outro exemplo de determinação e da capacidade de conciliar a busca de um resultado com circunstâncias pessoais, como a maternidade. Afinal de contas, não deve ser fácil se concentrar para uma luta enquanto seu bebê se esgoela chorando do lado de fora.

Camila Yamakawa, antes da primeira luta do Campeonato Brasileiro de Judô, em dezembro de 2019, precisou mostrar todo seu poder de concentração. Ela, que é de Dourados, em Mato Grosso do Sul, decidira levar Ali, seu filho de três meses, para a viagem a Camboriú, em Santa Catarina, dada a importância da amamentação e dos cuidados nessas primeiras semanas de vida. Camila conseguiu abstrair o choro do bebê e venceu a luta, abrindo caminho para a medalha de ouro que conquistaria na categoria peso-pesado (acima de 78 quilos). "Ele ficou de boa. Só chorou essa vez. Havia muito colo para ele lá", disse a mãe em entrevista ao jornal *O Estado de S. Paulo*. Na hora da premiação, no pódio, Camila posou para as fotos com a medalha na mão – e Ali em um dos braços.

### E VOCÊ, COMO JOGA?

O dilema de escolher qual é a melhor estratégia – jogar para ganhar ou para não perder? – não se limita ao universo esportivo. Nas empresas, há quem atue defensivamente, apenas para preservar a posição conquistada (líder de mercado em determinado segmento, por exemplo), em vez de inovar ou de investir em crescimento. Você certamente já ouviu falar de um profissional que se acomodou depois de alcançar um posto desejado, por exemplo, ou deixou de dizer o que pensa para não correr risco de se expor em reuniões. Sim, existem pessoas que jogam para deixar as coisas como estão, e não para ganhar novas posições. O que nem sempre se nota é que essa estratégia afasta a possibilidade de vitórias futuras ou de atingir melhores resultados.

Você se lembra daquela partida em que seu time do coração jogou na retranca, visando arrancar um empate ou até mesmo perder por apenas um "honroso" placar de 1 × 0? Ou daquela vez que seu time ganhava por um placar apertado e, em vez de atacar, resolveu se trancar na defesa e acabou perdendo o jogo de virada nos momentos finais, pois levou dois gols consecutivos devido à enorme pressão que sofreu?

Foi o que aconteceu na final da Libertadores da América de 2019. O River Plate vencia por 1 × 0, e sua torcida já comemorava o título continental. O clube argentino se fechou na defesa e, com isso, facilitou o domínio do campo pelo time do Flamengo. No finalzinho da partida, Gabriel Barbosa, o Gabigol, fazendo jus ao seu apelido, marcou os dois gols que deram o título ao rubro-negro, carimbando o passaporte da equipe carioca para o Mundial de Clubes, no Qatar.

Mesmo tendo perdido, semanas depois, a final do Mundial para o Liverpool, da Inglaterra, pelo magro placar de 1 × 0, o Flamengo deu mostras de perseverança e de jamais desistir do seu sonho. Quem sabe não inspirou, alguns dias depois, o corredor queniano Kibiwott Kandie, que surpreendentemente arrancou nos metros finais e superou de forma dramática, na linha de chegada, o rival Jacob Kiplimo, de Uganda, tornando-se campeão da São Silvestre, principal corrida de rua do Brasil.

Vale refletir sobre o clichê esportivo que virou um dito popular: a melhor defesa é o ataque. Traduzindo para as nossas carreiras e para a trajetória das empresas: a melhor maneira de preservar uma situação vitoriosa não seria, justamente, investir dia após dia para melhorá-la?

Mas, além do foco no resultado e de jogar para ganhar, entregando-se de corpo e alma com determinação, também precisamos estar preparados para superar as adversidades inesperadas ou indesejadas ao longo de uma competição, e as que surgem na vida pessoal e profissional. É o que veremos na próxima parte do livro.

Antes, porém, aceite nosso convite para fazer uma pequena pausa e refletir sobre o que foi apresentado até aqui.

## PAUSA PARA REFLEXÃO

**1. Descreva uma situação na qual você tenha percebido baixo grau de determinação:**
a) No esporte
b) Em uma empresa
c) Em uma família
d) Em um grupo

**2. Descreva uma situação na qual você tenha percebido alto grau de determinação:**
a) No esporte
b) Em uma empresa
c) Em uma família
d) Em um grupo

**3. Dos exemplos deste capítulo, liste três lições que você extrai para aplicar no seu dia a dia.**

**4. Liste três atitudes que você precisa mudar para aumentar o seu grau de determinação.**

**BÔNUS PARA O LEITOR: 2 QR CODES**

O ouro de Cielo

Jordan e a "cesta do século"

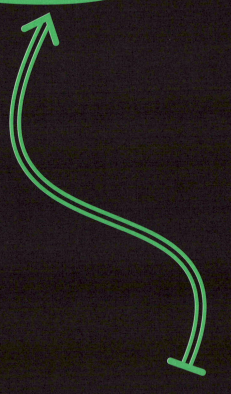

Dos vários deuses da mitologia universal, um dos mais emblemáticos é Hércules, lendário por suas inacreditáveis façanhas. O mito chegou a estrangular duas serpentes com as mãos, foi condenado a enfrentar enormes adversidades e venceu monstros, como o leão de Nemeia, a hidra de Lerna e o touro de Creta.

A jornada de Hércules ilustra bem a importância de superar obstáculos – dificuldades físicas, emocionais, desvantagens, armadilhas, adversários ardilosos ou mais fortes – que encontramos na nossa trajetória pessoal, familiar, comunitária e profissional.

O esporte é uma fonte inesgotável de modelos de superação de limites, com inúmeros exemplos de atletas ultrapassando as dificuldades e os imprevistos e conseguindo resultados que pareciam impossíveis. Mostra, ainda, que a atuação de lideranças pode ser decisiva em momentos agudos de crise.

Duas partidas importantíssimas da história do Brasil nas Copas do Mundo tiveram desfechos diferentes graças à postura de seus líderes – Didi na Copa de 1958, na Suécia, e Dunga na Copa de 2010, na África do Sul. Maya Gabeira superou uma onda gigante, a maior já surfada por uma mulher. Vanderlei Cordeiro superou o aloprado de Atenas, que invadiu a pista para "abraçá-lo". Tiger Woods, o melhor do mundo no golfe, superou dificuldades conjugais e deu a volta por cima.

Por outro lado, o esporte também oferece vários exemplos de atletas que sucumbiram aos obstáculos, alguns criados por eles próprios, como é o caso de Sócrates e de Garrincha.

Esses episódios de superação e de sucumbência às adversidades são poderosas fontes de lições para todos nós. Na condução da nossa trajetória profissional e no ciclo da vida das empresas, sempre nos defrontamos com pontos de reflexão. A capacidade de superação de obstáculos previstos ou inesperados é o divisor de águas entre os líderes e gestores bem-sucedidos e aqueles que se curvam às circunstâncias indesejadas, desviando-se da rota ou abandonando seus objetivos, como você verá nos dois capítulos seguintes.

# 5
## DRIBLE OS OBSTÁCULOS

Vamos aos fatos! Final da Copa do Mundo de 1958 na Suécia, os donos da casa contra o Brasil. Havia 50 mil pessoas no estádio, a maioria esmagadora, obviamente, torcendo pela seleção local. Imagine o caldeirão...

Começa o jogo e, com apenas quatro minutos, uma linda troca de passes da Suécia atravessa o campo todo e Liedholm chuta... Gol da Suécia! Mal a decisão havia começado e já saía um gol dos anfitriões.

O Brasil petrifica. Gilmar fica sentado sem reação na pequena área. Mas não Didi, o "Príncipe Etíope", craque do Botafogo e veterano da Copa anterior, líder absoluto do time, embora o capitão fosse Bellini. Didi recolhe a bola dentro do gol e sai andando com ela nos braços. Zagallo chega gesticulando, querendo apressá-lo para reiniciar logo o jogo. Didi não muda nem a passada nem a fisionomia. "Calma, vamos virar esse jogo", diz em tom tranquilo, acalmando e transmitindo confiança aos seus colegas. Foram 27 passos com a bola nas mãos até soltá-la no meio de campo para o reinício.

Cinco minutos depois dos históricos passos de Didi, Garrincha vai à linha de fundo e cruza para Vavá empatar. E aos 32 minutos Vavá, de novo, vira o jogo, ainda no primeiro tempo. Esse talvez seja um dos casos mais notáveis de liderança dentro do campo da história da seleção brasileira.

No momento crítico, de pressão máxima, apareceu o líder. Didi sabia das potencialidades da equipe, sabia que todos haviam se preparado muito, treinado à exaustão. Tinha consciência de que a equipe podia reagir. E transmitiu isso a seus colegas. O resultado todo mundo sabe: Brasil 5 × 2 Suécia e o primeiro título mundial da seleção.

Para entender a dimensão do natural e ao mesmo tempo extraordinário gesto do meio-campista, que vestia a camisa 8 da seleção canarinho, no momento seguinte àquele gol, precisamos voltar 8 anos no tempo: 1950, nossa primeira Copa do Mundo como país-sede. Para ela, o Brasil construiu o Maracanã, o maior estádio do planeta na época.

A seleção convocada pelo técnico Flávio Costa era forte: Barbosa, Bauer, Jair Rosa Pinto, Zizinho. Time bom. Vieram dezesseis seleções e, depois da primeira fase, disputou-se um quadrangular final, com Brasil, Espanha, Suécia e Uruguai. A seleção brasileira só jogaria no Maracanã. E estreou com um 7 × 1 sobre a Suécia (sim, nós também já aplicamos um 7 × 1 em uma Copa dentro de casa!).

No jogo seguinte, contra a Espanha, mais um show: 6 × 1, com 152 mil pessoas em delírio cantando "Touradas em Madri", a marchinha que João de Barro e Alberto Ribeiro criaram para o Carnaval de 1938 e que naquele dia era usada pela torcida brasileira para tirar um sarro dos espanhóis. Giordano Fattori, jornalista da *Gazzetta dello Sport*, da Itália, escreveu o seguinte sobre essa partida: "Viu-se de tudo o que se poderia imaginar teoricamente em futebol. Houve ciência, arte, balé, até jogadas de circo. Zizinho, o mestre, fazia recordar Leonardo da Vinci criando obras-primas com os pés na imensa tela do gramado do Maracanã".

Foram dois bailes, a seleção jogando o fino. E é esse time assim decantado que chega à partida final decisiva, no Maracanã, dependendo, para ser campeão, apenas de um empate com o Uruguai, potência futebolística e velha conhecida nossa. Os uruguaios haviam empatado em 2 × 2 com a Espanha e tinham ganhado apertado da Suécia por 3 × 2. E o Maracanã estava abarrotado naquela tarde de 16 de julho de 1950: números oficiais dizem que havia 199.854 pessoas lá dentro. O estádio hoje reformado tem capacidade para 79 mil pessoas. Ou seja: havia duas vezes e meia a capacidade atual. O Brasil, que precisava apenas do empate, saiu na frente a dois minutos do segundo tempo com um gol de Friaça. Aí, aos vinte minutos, Ghiggia escapa pela direita, limpa Bigode e cruza para Schiaffino empatar o jogo.

O Brasil perdeu a partida aí. O silêncio, o medo da tragédia, apareceu no 1 × 1 que ainda nos beneficiava. Mas o temor pelo impossível era tanto que se materializou, gestou um inimaginável desfecho. Não só a torcida ficou catatônica como também o time. O gol de Schiaffino fez cair a ficha de que havia ali um adversário que merecia respeito. Sim, o outro existe!

Treze minutos depois, Ghiggia escapa de novo pela direita, mas em vez de cruzar chuta murcho, meio torto, entre Barbosa e a trave. Gol do Uruguai. E o mundo desaba sobre o país. Em vez de reconhecer que o Uruguai tinha um time competitivo, nós, brasileiros, criamos um trauma que extrapolava (e muito) o campo.

Porque ser campeão mundial simbolizaria a certeza de que tínhamos um futuro cor-de-rosa pela frente. Como país, como povo, como sociedade. E perder significaria a condenação de uma nação ao subdesenvolvimento eterno!

Mais: na hora de vencer, de ganhar, "a gente treme". Na hora que é para distinguir "homens de meninos", vestimos calças curtas. Nelson Rodrigues cunhou a expressão "complexo de vira-latas" para denominar esse medo coletivo diante da possibilidade de vitória. E isso nos acompanharia nos anos seguintes. Talvez até hoje.

O escritor José Lins do Rego, em crônica para o *Jornal dos Sports*, que circulou no Rio de Janeiro de 1931 a 2010, registrou que a derrota grudou uma ideia fixa na cabeça de que "somos mesmo um povo sem sorte, um povo sem as grandes alegrias das vitórias, perseguido pelo azar, pela mesquinharia do destino". Tudo porque perdemos um jogo de 2 × 1 para um adversário respeitável.

A Copa de 1954, na Alemanha, foi uma espécie de ressaca do que ficou conhecido como "Maracanazo". Embora tivéssemos ótimos jogadores, como Julinho Botelho, Nilton Santos e o próprio Didi, tomamos de 4 × 2 da Hungria de Puskas e fomos eliminados nas quartas de final. Os alemães foram os campeões.

## 27 PASSOS PARA A REDENÇÃO

Chegamos, enfim, a 1958. O time vinha com a base amadurecida e mais as presenças no elenco de dois craques espetaculares: Garrincha e Pelé. Havia feito um planejamento como nunca antes na história. O bairrismo tinha sido deixado de lado, e os melhores profissionais foram chamados para integrar a delegação. O dentista Mário Trigo, o médico Hilton Gosling, o chefe da delegação Paulo Machado de Carvalho, o técnico Vicente Feola. O preparador físico Paulo Amaral, sargento da Polícia Militar, que "curava toda dorzinha marota de jogador só com o olhar...". Ou seja, o time era bom e estava muito bem preparado. Planejamento, profissionalismo e talento.

O Brasil estreou com um 3 × 0 sobre a Áustria. O segundo jogo foi mais difícil, contra a Inglaterra, empate de 0 × 0. Para a partida seguinte, Feola decidiu tirar Joel, Mazzola e Dino Sani e botar Zito, Pelé e Garrincha. E o Brasil fechou a primeira fase com 2 × 0 sobre a União Soviética, aqui já com a presença de Garrincha e Pelé no time.

Nas quartas de final, uma vitória apertada de 1 × 0 sobre o País de Gales, golaço de Pelé. Ele recebeu um passe de cabeça de Didi, deu um meio chapéu no zagueiro e fuzilou de primeira. Na semifinal, um baile de 5 × 2 na França.

E, na final, a goleada sobre os donos da casa, com a conquista, pela primeira vez, da Copa do Mundo, iniciando o período mais glorioso da história da seleção brasileira, coroado com o bicampeonato mundial em 1962 e o tri em 1970, o que garantiu ao Brasil a posse definitiva da taça Jules Rimet.

Em muitos momentos na vida, não só de uma equipe esportiva, mas também de uma empresa, os líderes precisam manejar uma situação adversa – perda de clientes, redução de rentabilidade, declínio da reputação – ou mesmo enfrentar as consequências de um acidente e liderar suas equipes para "virar o jogo", inspirando--se no gesto emblemático de Didi em 1958.

O caso a seguir vai no limite da adversidade que um atleta pode enfrentar: o risco de perder a vida.

### MAYA GABEIRA E O MONSTRO MARINHO

Alguém já disse que somos do tamanho dos nossos sonhos – como sugerido por um dos autores deste livro em seu best-seller *Você é do tamanho dos seus sonhos*, publicado em 2004. Por conta disso, podemos dizer que Maya Gabeira é muito maior que seus 1,68 metro de altura e 56 quilos. Uma gigante, essa carioca mede 22,4 metros, o equivalente a um prédio de sete andares, e pesa cerca de 150 toneladas. São as características da onda que Maya desceu, em 11 de fevereiro de 2020, na Praia do Norte, em Nazaré, Portugal, o maior vagalhão já surfado por uma mulher na história. A marca supera seu recorde anterior, de janeiro de 2018, na mesma praia, que contabilizava 20,72 metros, e entrou para o livro dos recordes. Um sonho alimentado por anos de treinamento.

Os feitos de Maya Gabeira ganham contornos ainda mais épicos pela lembrança imediata do que acontecera alguns anos antes, na mesma praia, em um dia idêntico de ondulações monstruosas: naquele 28 de outubro de 2013, Maya era apenas um corpo inerte boiando no Atlântico.

Então com 26 anos, a surfista fazia a tentativa de descer a onda em Nazaré e entrar para a história. Mas a força da água a derrubou, e o impacto daquela massa monstruosa fez Maya quebrar o tornozelo e afundar. Há imagens no YouTube. É desesperador! Maya é um pontinho na imensidão da espuma branca.

O milagre da salvação coube ao pernambucano Carlos Burle, uma lenda do surfe de ondas grandes, veterano campeão que liderava a equipe de brasileiros. Burle era quem pilotava o jet ski que permitiu a Maya entrar na onda – apenas na remada, com os braços, é impossível, todos os surfistas contam com a ajuda de um veículo. Burle viu a queda e ficou atento ao que acontecia.

Quando um pontinho de Maya emergiu, com o braço erguido, ele partiu para buscá-la. Jogou uma prancha de resgate e a atleta conseguiu agarrar. Mas uma nova onda veio e Maya perdeu a consciência, soltando a corda. "Tomei uma porrada no peito que me arrancou o colete", contou a surfista. Burle fez a volta e esperou a amiga reaparecer. Quando surgiu, ela apenas boiava, sem reação, desacordada. Burle saltou do jet ski e, lutando contra as ondas, trouxe o corpo no braço. Na areia, as manobras cardiorrespiratórias foram realizadas, primeiro por Burle, depois pela equipe de paramédicos. Sem dúvida, um resgate heroico.

"Jamais vou esquecer aquela primeira respirada que dei quando voltei", recordou a atleta. "Como é bom respirar." Antes do acidente, Maya havia realizado um treinamento no Havaí de sobrevivência na água, que incluía mergulho livre (sem tanque de oxigênio), controle de respiração e de pânico.

Maya acredita que erros técnicos contribuíram para o acidente. "Havia coisas que eu tinha que ter aprendido quanto ao local, ao equipamento necessário e a um esquema mais adequado de segurança", disse a surfista. "Poderia haver um colete melhor, um rádio mais eficiente, uma segurança dentro da água mais bem planejada."

Poucos dias depois de seu retorno ao Rio de Janeiro, a atleta deu entrevistas garantindo que voltaria a surfar. "Não foi uma decisão de encarar de novo o desafio, mas sim de não parar. Eu não queria mudar de vida, de estilo, de metas. Não queria fazer uma grande mudança na minha vida devido a um acontecimento."

Os 5 anos que separaram a "quase morte" da realização do sonho foram de muita batalha. Primeiro, a recuperação das lesões do acidente. Depois, o início da fisioterapia e a volta aos treinos. Demorou muito até que a surfista atingisse a boa forma física. Mas aí vieram outros desafios. "Mesmo bem treinada, eu comecei a ter crises de vômito, dores de cabeça, sintomas de labirintite", relatou Maya. "Passei a ter dificuldades em ficar no meio de muita gente, em lugares públicos. Fui a um psiquiatra, fiz tratamento com remédios, tudo para superar esse trauma."

Maya afirma que sempre parte do princípio de que sua maior paixão envolve risco de vida: "A gente treina pensando nisso, pratica sabendo disso, o risco é algo com que a gente lida de modo permanente". Então, ela afirma que a decisão de voltar foi fácil. A concretização é que demandou muito trabalho. Maya teve que fazer mudanças na planilha de treinos para fortalecer as pernas e obter mais explosão. "A única forma de você superar algo é evoluir, estar mais preparado do que antes", ensina a mulher que surfou a maior onda da história do esporte.

## O BRONZE DOURADO

Talvez nada no esporte seja tão carregado de simbolismo quanto vencer uma maratona olímpica em Atenas, na Grécia, no mesmo trajeto da primeira Olimpíada da Era Moderna, realizada em 1896. Pois aquele paranaense de Cruzeiro do Oeste vinha firme com as cores do Brasil rumo ao ouro nos Jogos de 2004, na capital grega. "Antes da Olimpíada, eu passei uma temporada de sessenta dias treinando na altitude de Paipa, na Colômbia", revelou Vanderlei Cordeiro da Silva em conversa com um dos autores. "Nas minhas corridas diárias de trinta, 35 quilômetros por aquelas estradas de terra entre montanhas, eu me imaginava em um sonho: chegando no Estádio Olímpico de Atenas para ganhar a medalha".

Ali, no asfalto da capital grega, o sonho era real. A seis quilômetros do final, entretanto, o inusitado aconteceu. Um sujeito vestido com roupas folclóricas, que depois seria identificado como o irlandês Cornelius "Neil" Horan, ex-padre expulso da igreja católica por conta de previsões acerca do apocalipse e outras confusões, invadiu a pista e agarrou o brasileiro, levando-o para o meio da plateia. Um maluco exibicionista cometendo um ato criminoso no esporte.

A maratona é uma prova emblemática de resistência – 42,195 quilômetros e, para os profissionais, pouco mais de duas horas em um ritmo forte. O corredor entra em uma espécie de transe, repetindo os movimentos em uma biomecânica perfeita, que visa economizar energia e aproveitar ao máximo cada passada. A cabeça está focada na respiração, no controle dos adversários. Pois Vanderlei foi arrancado daquele estado de graça. "Se você para em uma prova porque precisa simplesmente amarrar o cadarço, já sente. A maratona bota você em um ritmo permanente, tudo flui no seu organismo de modo contínuo. Quando esse fluxo é interrompido, o impacto é enorme. O ácido lático acumulado nos músculos aparece, você sente dores, as pernas travam e a cabeça sofre", informou Vanderlei, que só voltou à pista porque um torcedor o libertou dos braços tresloucados de Horan.

Mesmo retornando à frente de seus concorrentes, o brasileiro precisava se recuperar da pancada psicológica que recebeu, além de recobrar o ritmo de prova. Vanderlei deu as primeiras passadas com cara de dor, pois o maluco ainda havia atingido seu joelho. A dor, que estava anestesiada, aparecia lancinante. Vanderlei inevitavelmente diminuiu o ritmo e foi ultrapassado pelo italiano Stefano Baldini, que venceria a prova, e pelo norte-americano Meb Keflezighi, vice-campeão. Mesmo assim, o brasileiro entrou no estádio olímpico com um sorriso no rosto, fazendo seu tradicional aviãozinho e sendo ovacionado pela plateia em Atenas, no que seria uma das mais belas imagens da história olímpica. "Sabe o que me fez voltar e seguir em frente? Aquele sonho. Eu estava dentro dele", disse o corredor.

O mundo viu Vanderlei receber a medalha de bronze com um misto de admiração e revolta pelo ocorrido. Mais tarde, o brasileiro receberia a exclusivíssima medalha Pierre de Coubertin, dada pelo COI (Comitê Olímpico Internacional) a atletas que ofereceram notável demonstração de espírito olímpico durante a realização dos Jogos. Doze anos depois, Vanderlei teria a honra de acender a pira olímpica nos Jogos do Rio de Janeiro.

Olhando para trás, Vanderlei situa aquele momento de superação como parte de sua trajetória pessoal. "Eu tive muitas dificuldades. Tinha tudo para ser alguém revoltado com a vida. Mas maldade, rancor e frustração nunca fizeram parte do meu cotidiano. O esporte foi minha ferramenta para sobreviver. Minha vida de atleta foi repleta de obstáculos. Mas minha atitude foi sempre persistir. Então, Atenas me colocou um obstáculo como a vida havia me botado outros tantos", afirma Vanderlei. "Superação para mim é viver. Acredito que a gente só descobre nosso potencial quando enfrenta uma situação difícil e consegue superar. Logo depois de Atenas, eu criei uma frase que, para mim, é determinante do sucesso: 'Correr com as pernas, aguentar com o coração e vencer com a cabeça'."

## UMA RAINHA ENTRE PLEBEUS

Desde bem cedo, aos 6 anos de idade, Marta Vieira da Silva já tinha que enfrentar os olhares de estranhamento porque, em vez de boneca, ela preferia a bola. E se metia entre os primos e amigos, destacando-se não só como única menina nas peladas de rua, mas também na performance: ela já era melhor que a maioria deles.

Eram vários os obstáculos para aquela alagoana de Dois Riachos, município de pouco mais de 11 mil habitantes, distante 194 quilômetros de Maceió: a pobreza da família, a casa humilde, a mesa escassa, a entrada tardia na escola (só foi matriculada aos 9 anos)... A mulher que se tornaria seis vezes a melhor jogadora de futebol do mundo precisou superar muito mais.

Aos poucos, Marta foi vendo que aquela sua paixão pela bola poderia ser, um dia, um meio de vida. E, aos 13 anos, embarcou para o Rio de Janeiro, onde havia times femininos estruturados, atrás de seu sonho. Fez um teste no Vasco e foi aprovada na hora.

O resto é história – a história de uma mulher que quebrou, com seu talento e sua perseverança, vários tabus em um universo tão machista e preconceituoso quanto o futebol. Além de fama e fortuna, dos clubes que defendeu no Brasil, na Suécia e nos Estados Unidos, dos anos como capitã da seleção brasileira, das Copas do Mundo e das Olimpíadas que disputou, dos prêmios que ganhou como atleta, Marta virou um ícone do poder feminino no esporte.

Em 2018, foi nomeada pela ONU Embaixadora da Boa Vontade para mulheres e meninas. Aos 33 anos, continuava brilhando nos campos e fora dele.

As histórias de Marta, Didi, Maya e Vanderlei confirmam que é importante não jogar a toalha e estar sempre alerta e disposto a driblar os obstáculos inesperados e/ou indesejados para superar as situações que poderiam impedir o nosso sucesso profissional e pessoal.

Outro cuidado muito importante, como você verá no próximo capítulo, é estar ligado para mitigar riscos e evitar pisar na bola, dar um tiro no pé ou fazer um gol contra.

# PAUSA: UM POUCO DE HISTÓRIA

Ao longo do século xx, os Jogos Olímpicos viraram um grande negócio, atraindo não apenas o interesse do público pelos esportes como também o de empresários e políticos. Em 1936, Adolf Hitler viu na Olimpíada de Berlim uma vitrine para mostrar o poderio bélico e a suposta superioridade da raça ariana sobre as demais. O velocista negro norte-americano Jesse Owens tratou de azedar os planos do ditador, ganhando quatro medalhas de ouro.

Apesar disso, a 11ª Olimpíada foi um sucesso esportivo, com o maior número de países participantes até então (49 equipes). E surgiu ali na Alemanha um ritual mantido até hoje: na abertura do evento, um corredor entrou no estádio carregando uma tocha trazida por revezamento do local onde se realizavam os jogos na Grécia Antiga.

As potências que saíram fortalecidas da Segunda Guerra Mundial, os Estados Unidos e a União das Repúblicas Socialistas Soviéticas, viveram por décadas um clima de guerra não declarada. Nas Olimpíadas, a rivalidade entre as duas seleções ocasionou partidas épicas, como a final do basquete masculino em Munique-1972 (vencida pela urss). As tensões da Guerra Fria levaram os países capitalistas liderados pelos Estados Unidos a boicotar a Olimpíada de Moscou, em 1980, e o bloco comunista a dar o troco 4 anos depois, em Los Angeles.

# 6
## EVITE O GOL CONTRA

Tarde de 15 de março de 1998. Palmeiras e Corinthians jogam pelo Campeonato Paulista no Pacaembu. A rivalidade entre os times fervia como nunca no clássico conhecido como o "Derby" do futebol paulista. Aos oito minutos do primeiro tempo, Marcelinho Carioca cobra escanteio pela direita do ataque corintiano. A bola vai forte, venenosa. Eis que o atacante palmeirense Oséas, que ajudava a defesa nos escanteios por conta de sua estatura, sobe sozinho e cabeceia a bola... para dentro do gol de Velloso!

Gols contra a própria meta costumam ser acidentes, ficando evidente que o jogador tentou tirar a bola ou, eventualmente, recuar para o goleiro. O que tornou o "autogol" de Oséas único e inesquecível foi a maneira como ele cabeceou. Parecia convicto, como se estivesse na área adversária marcando um gol para seu time. Um golaço. Só que contra. A explicação do atacante é que tentou tirar a bola para escanteio e errou a direção. Menos mal para ele que o jogo terminou empatado em 1 × 1... Oséas entrou para o anedotário do futebol e até hoje é lembrado com carinho pelos palmeirenses.

Há gols contra, porém, no esporte e na vida, que não são acidentes, tampouco obras do acaso. São desvios éticos, escorregões de caráter, doenças não percebidas ou mal administradas, fragilidades de comportamento no trabalho ou fora dele que acabam por manchar ou mesmo arruinar trajetórias de sucesso.

Garrincha, o gênio das pernas tortas, teve a carreira e a vida abreviadas pelo alcoolismo e pela falta de repertório. Sócrates, médico formado e um dos craques brasileiros de maior capacidade intelectual da história, também morreu precocemente após castigar seu organismo com anos e anos de consumo abusivo de álcool. O astro norte-americano do golfe Tiger Woods entrou em decadência após ver revelada pela imprensa do país uma série de casos extraconjugais, minando sua imagem de "queridinho da América". São gols contra, uma espécie de autossabotagem que precisa ser evitada.

## PEDALANDO EM FALSO

A imagem emociona: sob forte chuva em Oslo, Lance Armstrong solta as mãos do guidão e cruza a linha de chegada acenando e mandando beijos ao povo norueguês, após 257,6 quilômetros de esforço brutal. Era agosto de 1993 e, aos 21 anos, o jovem texano tornava-se campeão mundial de ciclismo de estrada, uma modalidade para fenômenos da resistência física. A partir dali, começaria uma carreira que o levaria a ser considerado simplesmente o melhor ciclista de todos os tempos.

Três anos depois, uma fatalidade acrescentaria uma dimensão mítica à sua figura de atleta. Lance foi diagnosticado com câncer nos testículos, com penetração no pulmão e no cérebro. Não só sua carreira estava em risco, como também sua vida. Cirurgias e fortes sessões de quimioterapia passaram a fazer parte da rotina do atleta. A competência dos médicos, aliada à força de vontade incomum de Armstrong, resultaram no anúncio, em 1997, de que estava curado.

A popularidade do ciclista explodiu, e ele criou a Lance Armstrong Foundation, uma fundação para apoiar a prevenção e o combate ao câncer, angariando milhões em doações e campanhas por todo o planeta. Paralelamente, contrariando todas as expectativas, Lance voltou a treinar forte e, em 1998, retornou ao circuito profissional. O que se viu, a partir dali, foi uma história sem precedentes da recuperação de um atleta rumo ao topo de sua modalidade. De 1999 a 2005, Lance venceu todas as edições da principal prova de ciclismo de estrada do mundo, a Volta da França, além de ter ganhado um bronze olímpico em Sydney-2000. Lance inspirou uma devoção global em torno de sua figura, que beneficiou sua carreira e sua obra filantrópica. Gente de todo o planeta passou a ostentar com orgulho no braço a pulseirinha de borracha amarela com o nome da campanha, Livestrong, feita pela sua patrocinadora, a Nike, cuja venda era revertida para a fundação.

Em 2005, porém, o cenário começou a mudar. Após a sétima conquista da Volta da França, os boatos de que Lance competia dopado ganharam contornos reais a partir de uma reportagem do jornal francês *L'Équipe*, que trazia os resultados positivos de um laboratório francês para a substância proibida eritropoietina, encontrada na amostra de urina congelada e coletada depois da vitória do ciclista em sua primeira Volta da França, em 1999. Era a primeira prova consistente de que os resultados de Lance eram fruto não apenas de treinamento e talento excepcionais, mas também de doping. A história recente do ciclismo de estrada é recheada de acusações e descobertas de trapaças químicas. Lance rebatia as acusações, tendo ao seu lado o forte argumento de jamais ter testado positivo para substâncias proibidas. Mas, alegando que estava cansado, aposentou-se das pistas, para retornar 4 anos depois. A volta, entretanto, em 2009, foi acompanhada de mais acusações de doping.

Em 2012, Lance enfrentou o maior golpe contra sua reputação. A Agência Antidoping dos Estados Unidos (USADA) divulgou um relatório de mil páginas em que comprovava, por meio de exames em amostras de urina de Armstrong armazenadas ao longo dos anos, que ele competiu sob efeito de estimulantes durante toda a sua carreira. O relatório trazia também depoimentos de ex-colegas do ciclista, que denunciavam seu envolvimento com o esquema de dopagem. Lance então, dizendo estar cansado de responder às acusações, decidiu não mais recorrer. A opinião pública se dividia entre o apoio ao ídolo e a decepção. O ciclista perdeu todos os títulos da carreira, inclusive os troféus das sete vitórias na Volta da França, e foi banido do esporte.

Um ano depois, a pá de cal. Em entrevista à apresentadora Oprah Winfrey, Lance admitiu a farsa. Disse que, sistematicamente, usou de substâncias proibidas, como a eritropoietina, para obter vantagem competitiva, e que isso era uma prática não só em sua equipe, mas no esporte como um todo. O maior ídolo da história do ciclismo, ícone da perseverança e da superação, filantropo reconhecido em todo o mundo, assumiu-se um farsante, um mentiroso, um trapaceiro. Executivos da Fundação Lance Armstrong decidiram afastar seu fundador para salvar a obra da instituição. Lance perdeu todos os seus patrocínios. Era o fim da farsa!

Em 2015, 2 anos depois da entrevista, em declaração à BBC, Armstrong afirmou: "As consequências de tudo isso foram pesadas, talvez até mais do que eu imaginava. E a forma como contei minha história, no programa da Oprah, ainda que eu ache que ela tenha feito um bom trabalho, acabou sendo um pouco brutal. Tem sido bastante difícil lidar com isso, é preciso ter paciência. Meus dois filhos mais novos são muito pequenos, mas vai chegar o dia em que eles vão ter 13, 14 ou 15 anos e vão chegar em casa arrasados, dizendo 'Pai, ouvi isso no corredor' ou 'Li isso nas redes sociais, é verdade ou não?'. Isso acabaria comigo".

## UM PAÍS SUSPENSO

O doping é um problema tão sério no esporte que pode virar endêmico. Em dezembro de 2019, a Agência Mundial Antidoping (WADA) decidiu banir a Rússia por 4 anos de competições internacionais, dentre elas os Jogos Olímpicos e as Paralimpíadas de Tóquio-2020.

A medida é o resultado da apuração de um escândalo que surgiu em 2015, com revelações sobre um programa de doping de atletas russos que seria patrocinado pelo próprio governo do país.

Atletas russos com histórico "limpo" podem competir nos jogos, mas sob a bandeira do Comitê Olímpico Internacional, não como representantes da Rússia.

## TIROS NA MADRUGADA

Lance Armstrong perdeu o respeito do mundo esportivo pela forma inadequada como conduziu a sua carreira. Mas ainda tem muitos fãs espalhados pelo planeta, principalmente por ter se recuperado de uma doença tão grave e voltado a competir. O mesmo não aconteceu com Oscar Pistorius. A esfera pessoal do atleta sul-africano arruinou seus feitos esportivos absolutamente notáveis. O atleta foi preso por assassinato.

Oscar nasceu em 22 de novembro de 1986, em Johanesburgo, e chamou a atenção dos médicos ainda na maternidade por não ter desenvolvido as fíbulas – os ossos da parte lateral das pernas. Menos de um ano depois, ele teria a perna amputada um pouco abaixo dos joelhos.

O garoto cresceu convivendo com a deficiência e amando os esportes. Na escola, jogou rúgbi, polo aquático e tênis. Mas foi com a corrida que percebeu que poderia fazer história. Logo estava vencendo campeonatos paralímpicos em sua categoria, a T44 (amputados), correndo com as "chitas", como são chamadas suas próteses de fibra de carbono. Na Paralimpíada de Atenas, em 2004, venceu os duzentos metros rasos com um novo recorde mundial – 21s97.

Mas Pistorius queria mais. Ao mesmo tempo que migrava para a distância dos 400 metros rasos, seu plano era abrir com as chitas algumas janelas no muro que separa os deficientes dos "totalmente aptos".

Ele começou a disputar campeonatos concorrendo com as pernas naturais dos melhores atletas sul-africanos. E foi obtendo resultados. Em 2007, chegou em segundo lugar na prova de 400 metros do Campeonato Sul-Africano de Atletismo. Pouco depois, começaria a polêmica que tornaria Oscar um nome mundial do esporte.

A Federação Internacional de Atletismo (IAAF) resolveu limitar Pistorius ao universo paralímpico, proibindo de participar de suas competições qualquer atleta que se valesse de acessórios como molas, rodas ou similares que pudessem representar uma vantagem em relação aos demais que não os utilizassem. Em um primeiro momento, a entidade não disse que a determinação se aplicava especificamente ao caso de Pistorius. Mas, após estudar sua performance em parceria com cientistas da Universidade de Colônia (Alemanha), a IAAF decidiu, em janeiro de 2008, declarar ilegal a participação do sul-africano em competições sob sua chancela.

Os advogados de Pistorius entraram com uma apelação contra a decisão na Corte Arbitral do Esporte, na Suíça. A proibição da IAAF durou três meses. Depois de convocar o atleta para uma audiência, a corte decidiu revogá-la, alegando que, nos estudos da IAAF, não havia evidências de que as chitas consistiam em uma vantagem real.

Liberado, Oscar passou a correr contra o tempo para cavar uma vaga na equipe olímpica da África do Sul que iria aos Jogos de Pequim, mas não obteve o índice. Restou-lhe ir à Paralimpíada na China, onde ganhou mais três ouros (cem, duzentos e quatrocentos metros rasos).

Pistorius seguiu se revezando entre competições para deficientes e não deficientes, de olho nos Jogos de Londres. A essa altura, o atleta apelidado de Blade Runner já estrelava campanhas da Nike e era um modelo de inspiração de alcance planetário. Em julho de 2011, Pistorius obteve o índice exigido pela Federação Sul-Africana e foi incluído na equipe que disputaria o Mundial de Atletismo em Daegu, na Coreia do Sul. Nos quatrocentos metros, parou na semifinal. No revezamento, ganhou a medalha de prata mesmo não participando da final (ele só correu a eliminatória). Era seu feito mais significativo fora do mundo paralímpico.

Na manhã de sábado, 4 de agosto de 2012, Pistorius foi ovacionado ao entrar no estádio de Londres para a eliminatória dos 400 metros. Retribuiu aos aplausos com uma boa performance, chegando em segundo lugar e garantindo presença nas semifinais. Ao cruzar a linha de chegada, cumprimentou seus oponentes, juntou as mãos em forma de prece e escancarou um sorriso. Ainda ofegante, à beira da pista, disse à TV britânica: "É muita emoção. No bloco de partida, eu não sabia se ria ou chorava. Eu só queria fazer um bom trabalho aqui". Pistorius fez mais. Ao se tornar o primeiro homem a disputar competições olímpicas e paralímpicas, o Blade Runner fez história.

Apenas seis meses. Esse foi o intervalo entre o topo da glória e o fundo do abismo para Pistorius. Na madrugada de 14 de fevereiro de 2013, o atleta, que não escondia sua paixão pelas armas, disparou quatro tiros que atravessaram a porta do banheiro da suíte principal de sua casa e mataram Reeva Steenkamp, sua namorada, que estava lá dentro. A defesa sustentou que Pistorius, no meio da noite, teria confundido sua namorada com um ladrão. Não adiantou. Em novembro de 2017, a Corte Suprema de Apelação da África do Sul aumentou a pena do atleta de 6 anos para 13 anos e cinco meses de prisão. A Nike e a fabricante de óculos Oakley retiraram o patrocínio ao corredor. Pistorius passou a cumprir pena no Atteridgeville Correctional Centre, próximo à cidade de Pretória.

## NERVOS À FLOR DA PELE

A falta de equilíbrio emocional é uma causa comum de "gols contra" pessoais. Carlos Bledorn Verri, o Dunga, é um bom exemplo disso. Era um competente volante, combativo, sabia desarmar muito bem os adversários, tomava a bola como poucos. Não é verdade que Dunga fosse um brucutu, um destruidor. Ele tinha bom passe, boa visão de jogo, chutava bem a gol. Fez parte das seleções de base. Começou no Internacional de Porto Alegre, jogou no Corinthians, passou 8 anos entre Itália e Alemanha.

O que marcaria a carreira e a personalidade púbica de Dunga seria a Copa de 1990, na Itália. Sebastião Lazaroni, o técnico, montou um time aguerrido, quase como uma resposta às equipes de Telê Santana de 1982 e 1986, que haviam jogado bonito, mas perdido. Lazaroni conseguiu forjar uma seleção horrível, de futebol burocrático, sem sabor. Dunga foi escolhido pela imprensa e opinião pública como sua personificação. O Brasil perdeu para a Argentina nas oitavas de final e ficou com o nono lugar, a terceira pior classificação da história. E aquele período ganhou a alcunha de "era Dunga", o que não parecia muito justo. Mas o rótulo pegou! Ele tinha 26 anos, jogava na Fiorentina, e se via em seu país como um símbolo de fracasso, de coisa ruim, de antifutebol. Um único atleta pagando pelo insucesso de todos, jogadores, comissão técnica, dirigentes...

Ali começou a surgir um rancor que acompanha Dunga até hoje. Quatro anos depois, como capitão do time, ele comandaria, na Copa realizada nos Estados Unidos, o meio-campo que daria, enfim, o tetracampeonato ao Brasil de Romário, Bebeto e Parreira. A maior prova de que Dunga sentia o mundo contra si foi seu gesto ao erguer o troféu. Se Bellini inaugurara em 1958 o gesto de beijar e erguer a taça, Dunga foi o primeiro capitão a xingar a taça. Ele soltou um palavrão estrondoso ao levantar o troféu.

Dunga se aposentou em 2000 no Internacional. Seis anos depois, sem ter nenhuma experiência como treinador nem sequer em categorias de base, foi chamado para ser técnico da seleção brasileira. Como a preparação para 2006 fora considerada uma baderna, lá vinha de novo um líder "xerifão" para botar ordem na casa, para a Copa seguinte, em 2010, na África do Sul.

E Dunga fez um trabalho de boa qualidade. Montou um time com um padrão de jogo e uma entrega que não se notava havia um bom tempo na seleção. Um contra-ataque mortal, com Maicon, Kaká e Robinho. O Brasil ganhou da Argentina duas vezes por 3 × 0, uma na final da Copa América na Venezuela. Ganhou duas vezes da Itália, da Inglaterra, goleou Chile e Uruguai, impôs 6 × 2 a Portugal.

E chegou à África do Sul, claro, como um dos favoritos. Mas o tempo todo nessa preparação Dunga manteve uma relação tensa com a imprensa. As entrevistas coletivas eram um festival de patadas, dele e do auxiliar Jorginho. Ambos insistiam que a imprensa deveria torcer, apoiar, estar ao lado da seleção, e não simplesmente fazer jornalismo.

A persona pública de Dunga ia só piorando. O ápice da tensão foi o episódio com o repórter Alex Escobar, da tv Globo, durante uma entrevista coletiva. Dunga o xingou de burro e outros bichos após a vitória por 3 × 1 sobre a Costa do Marfim. Sabemos que jornalistas às vezes fazem perguntas difíceis e nem sempre publicam o que as celebridades ou autoridades gostariam. É compreensível que, sentindo-se ofendidos, os entrevistados reajam, desde que com argumentos e elegância, não com grosserias.

O que parece pouco inteligente é a construção que Dunga faz de sua persona pública. É quase impossível simpatizar com ele. Ele passa essa mania de perseguição para o grupo, o que leva a crer que seja uma estratégia de motivação. Algo como: "Vamos provar para eles quem somos, vamos enfiar-lhes nosso sucesso goela abaixo." Elege inimigos para unir seus amigos.

O que aconteceu na Copa de 2010? Nas quartas de final contra a Holanda, o Brasil fez seu melhor primeiro tempo. Um a zero, gol de Robinho, e podia ter sido mais. Foi um baile de bola. Quando o time voltou para o segundo tempo, tomou um gol contra de Felipe Melo, que trombou com o goleiro Júlio Cesar. Veja: eram oito minutos e o jogo estava empatado. Mas o Brasil parecia que havia levado quatro gols em um só. O time se desestabilizou totalmente. Nessa hora, no momento da crise, é que o líder deve aparecer. Lembra-se do Didi em 1958? Mas não havia, na seleção de 2010, uma liderança dentro de campo. Fora dele, pior: os jogadores viam um técnico descontrolado, do tipo que socava o teto do banco de reservas. Aos 22 minutos, aconteceu o que se esperava: o baixinho Sneijder fez o segundo gol holandês. Robinho parecia um alucinado. Felipe Melo pisou em Robben e foi expulso. E o time, aos destroços, foi eliminado.

Dunga botou uma bateria de nove volts em um time que precisava de uma pilha palito. Um líder que até pode ser tecnicamente competente, mas que não tinha sabedoria emocional. Demitido após o mundial na África, Dunga voltou ao cargo em 2014, mas não sobreviveu ao fiasco na Copa América de 2016, quando o Brasil foi eliminado na fase de grupos, e deu lugar a Tite.

Não adianta ser competente só no seu ofício. Um líder precisa de muito mais. Dunga, em sua primeira passagem, teve 76% de aproveitamento, um índice muito bom. Mas isso não basta. Um líder deve construir um ambiente agradável de trabalho, e isso precisa envolver o entorno e a imagem que passa interna e externamente. Muitas vezes, isso se choca contra a personalidade do indivíduo. É também dessa diferença entre a persona profunda e a persona que se deseja para comandar que nasce (ou desmorona) o grande líder.

## A GRAMA DO VIZINHO

Uma frase bastante usada quando se quer demonstrar a insatisfação de alguém com sua própria vida, em comparação com outras pessoas, é: "A grama do vizinho é sempre mais verde". Essa incapacidade de enxergar que há muito o que fazer onde se está pode levar a decisões equivocadas, mudanças precipitadas e arrependimentos.

O jogador de futebol Philippe Coutinho, por exemplo, no auge da carreira, achou que a grama do Camp Nou, estádio do Barcelona, era mais verde que a de Anfield Road, do Liverpool.

O número 10 nas costas, símbolo do status de craque de um dos clubes mais tradicionais e vencedores da Europa. Protagonista no campeonato nacional mais badalado do planeta, a Premier League. Titular da seleção brasileira às vésperas da Copa do Mundo da Rússia. Nada mal para um garoto criado no bairro do Rocha, zona norte do Rio de Janeiro, nas vizinhanças do Maracanã, que, da janela de casa, alimentava o sonho de ser jogador de futebol ouvindo o barulho da torcida no estádio. Era exatamente esse o universo particular de Philippe Coutinho em 2017, quando vivia seu quinto ano no Liverpool: tinha a idolatria da torcida e o respeito da imprensa, além de um salário excepcional.

Até que surgiu o Barcelona, o clube que exerce um fascínio todo especial nos jogadores brasileiros. Não era apenas mais dinheiro. Coutinho, cria do Vasco da Gama, se via com a família morando na capital catalã, um sonho antigo, cidade muito mais agradável do que a gélida Liverpool, com belas praias e clima quente. E ainda teria ao seu lado ninguém menos que Lionel Messi, um dos maiores craques de todos os tempos. Era a chance de ganhar os títulos que não vinha conseguindo no clube inglês.

No meio daquele ano, na janela de transferências de verão, o Barça fez uma proposta para contratá-lo. Mas o Liverpool, que, sob o comando do técnico alemão Jürgen Klopp, se reconstruía para quebrar uma seca de títulos que ultrapassava uma década, fez pulso firme e segurou o seu principal astro. Coutinho seguiu cumprindo suas obrigações e comandando a equipe com brilhantismo. Mas Klopp sentia que sua ideia de ganhar tempo e persuadir o jogador não correspondia à realidade. A sombra do Barça não iria embora.

E não teve jeito. Em janeiro de 2018, o Liverpool negociava seu melhor jogador com o clube catalão. "O Coutinho é um jogador absolutamente extraordinário. Tive a sorte de treiná-lo no Liverpool e nunca iria vendê-lo sem ser forçado. A oferta do Barcelona foi completamente assustadora, não podíamos segurá-lo aqui", disse Klopp ao jornal *Liverpool Echo*. A transação girou em torno de 145 milhões de euros, o que representava a segunda maior negociação da história do futebol – atrás apenas de Neymar, que foi do Barcelona para o PSG, da França, por 222 milhões de euros, segundo o Transfermarkt, site especializado em finanças do futebol.

O objetivo de Coutinho de conquistar títulos logo foi atingido no Barcelona. Ao lado de Messi, em seu primeiro ano na Catalunha venceu o Campeonato Espanhol, a Copa do Rei e a Supercopa da Espanha. Com a seleção brasileira, na Copa da Rússia de 2018, teve desempenho apenas mediano, sendo eliminado nas quartas de final pela Bélgica. Em 2019, conquistou novamente o Espanhol. Mas seu futebol não mostrava o mesmo brilho dos tempos de Liverpool, e Coutinho passou a receber críticas. Em agosto de 2019, o Barcelona decidiu emprestá-lo por uma temporada ao Bayern Munique, da Alemanha. Com o time da Baviera, o brasileiro ganhou o Campeonato Alemão, mas, de novo, sem o mesmo protagonismo que tinha no clube inglês.

Fenômeno oposto em desempenho acontecia com o Liverpool. Ao mesmo tempo que Coutinho tentava se adaptar aos novos ares, sua saída fez florescer ainda mais a capacidade de liderança e estratégia tática do treinador alemão Jürgen Klopp – algo que já havia sido notado em seus anos dourados de Borussia Dortmund, quando foi bicampeão alemão em 2011 e 2012, entre outras conquistas.

Pela sua alta capacidade de decisão, tanto em gols quanto em criação e assistências, Coutinho, naturalmente, induzia o Liverpool a jogar em função dele. O brasileiro chamava para si a responsabilidade de armar o time, deixando o jogo, por muitas vezes, mais cadenciado, dada sua técnica apurada no controle da bola. Mas quando vivia um raro momento de "apagão" em um jogo ou mesmo um adversário lograva a difícil missão de neutralizá-lo, o time sofria na criação.

Com a saída do brasileiro, uma consequência imediata foi que o jogo dos Reds ficou ainda mais veloz. O protagonismo ofensivo se dividiu entre o trio formado pelo egípcio Mo Salah, o brasileiro Roberto Firmino e o senegalês Sadio Mané. Um futebol vertical, coletivo, com forte marcação no meio-campo (este, um dos "pontos fracos" de Coutinho) e uma saída de bola vertiginosa, capaz de estontear mesmo os adversários mais fortes. Se um deles era bem marcado ou não estava bem, havia os outros dois compartilhando a missão ofensiva.

Klopp parecia espelhar no time seus valores pessoais. O alemão, em várias entrevistas, costuma extrapolar o universo esportivo, pregando o bem-estar coletivo como um mantra de vida, acima das aspirações individualistas.

Na mesma temporada em que Coutinho saiu, o Liverpool chegou à tão sonhada final da Liga dos Campeões da Europa, perdendo para o Real Madrid de Cristiano Ronaldo por 3 × 1. A decepção foi grande, mas o caminho estava pavimentado.

A partir dali, o clube inglês viveria, enfim, uma nova fase áurea. Na edição seguinte da Liga dos Campeões, chegou outra vez à final e, desta vez, venceu, batendo o Tottenham e conquistando o título europeu. De quebra, ainda ganhou o Mundial de Clubes de 2019, vencendo o Flamengo na decisão em dezembro. No mesmo ano, o clube já havia se sagrado vice-campeão inglês, ficando a um ponto do campeão Manchester City, e conquistado a Supercopa da UEFA.

Em 25 de junho de 2020, o Liverpool venceria também a Premier League, sagrando-se campeão inglês depois de 30 anos da última conquista. Três semanas depois, Kia Joorabchian, agente de Philippe Coutinho, aparecia na imprensa britânica sugerindo que o próprio jogador havia telefonado a Jürgen Klopp para falar de sua vontade de retornar ao Liverpool – inclusive, aceitando uma redução de salário. Antes de voltar ao Barça, Coutinho se consagraria campeão europeu com o Bayern, atuando na Liga dos Campeões como um "reserva de luxo".

Pisadas de bola, decisões equivocadas, gols contra e até mesmo certa dose de autossabotagem são parte de rico repertório não apenas no esporte, mas também no mundo artístico, na vida empresarial, entre os políticos, nas escolas e comunidades.

Como se não bastassem os contratempos que já fazem parte do nosso dia a dia – e a necessidade de superá-los –, alguns se esmeram em criar problemas, dando um verdadeiro "tiro no pé", como Tim Maia, Cássia Eller, Michael Jackson, Marylin Monroe, para citar apenas alguns. Isso também acontece com empresários e executivos que destroem o valor das suas empresas por se envolverem em malfeitos como consequência de alta dose de megalomania, ambição desenfreada e desvios de caráter.

É importante buscar a harmonia entre as diferentes dimensões da vida como um antídoto para evitar gols contra e se preparar para enfrentar obstáculos e adversidades. Inspire-se no exemplo de Valdir dos Santos, o Didi, de Maya Gabeira, de Marta e de Vanderlei Cordeiro. Não fuja, nem crie obstáculos. Enfrente-os. O pódio será sempre dos que tiverem a hercúlea capacidade de superação e a coragem para inovar, outra lição essencial que pode ser aprendida com os exemplos do mundo esportivo, como veremos nos próximos capítulos.

## PAUSA PARA REFLEXÃO

**1. Descreva uma situação na qual você tenha percebido baixo grau de superação:**
a) No esporte
b) Em uma empresa
c) Em uma família
d) Em um grupo

**2. Descreva uma situação na qual você tenha percebido alto grau de superação:**
a) No esporte
b) Em uma empresa
c) Em uma família
d) Em um grupo

**3.** Dos exemplos deste capítulo, liste três lições que você extrai para aplicar no seu dia a dia.

**4.** Liste três atitudes que você precisa mudar para aumentar o seu grau de superação.

**BÔNUS PARA O LEITOR: 2 QR CODES**

Maya e as ondas gigantes

O bronze dourado de Vanderlei

# PARTE 4

# INOVAÇÃO

Que precisamos nos reinventar de forma contínua e que a inovação pode ser a chave para garantir o futuro da nossa carreira, nossa família, nossa comunidade e dos negócios, todos já sabemos. O que não sabemos com tanta certeza é como criar uma cultura de inovação no nosso dia a dia.

Não existem verdades absolutas. Sempre é possível fazer melhor. Mas temos de superar vários desafios. Um deles é deixar de nos satisfazer em ser um país de criativos. Precisamos nos transformar em um país de inovadores. Aprender a converter habilidades, dons e ideias criativas em valor.

Na vida, no trabalho e no esporte, é importante criar, inovar, reinventar o jogo, fazer uma jogada diferente. Caso contrário, corremos o risco de ficar apenas jogando para a plateia, fazendo firulas improdutivas e desperdiçando nosso talento.

Vários são os exemplos de atletas e equipes esportivas que inovaram, como a famosa paradinha do Pelé na hora do pênalti, que tinha como consequência o goleiro de um lado e a bola do outro; o salto em altura diferenciado do campeão Dick Fosbury; o Carrossel Holandês de futebol, que encantou o mundo; e o saque "viagem ao fundo do mar", assinado por Renan, um dos expoentes da equipe do vôlei masculino brasileiro que ficou conhecida como Geração de Prata e parecia ter embutido no seu DNA o genoma da inovação.

Enquanto isso, outros atletas dotados de habilidades extraordinárias, mas sem o pragmatismo de transformar jogadas criativas em valor, satisfazem-se apenas com os ornamentos do drible, do lance bonito, da coreografia e não buscam pontuar – fazer o gol, a cesta, superar o centímetro a mais ou o segundo a menos que os fariam conquistar a tão almejada vitória.

# 7

## FAÇA UMA JOGADA DIFERENTE

Richard Douglas Fosbury era um garotão de Portland, noroeste dos Estados Unidos, que amava praticar esportes e sonhava um dia ser um atleta de alta performance. Mas Dick, como era chamado, não conseguia destaque em campos e quadras. Não era um craque no futebol americano, nem no basquete, onde seus 1,93 metro de altura poderiam fazer diferença. Daí se fixou em uma modalidade do atletismo: o salto em altura.

Duas técnicas para superar o sarrafo eram dominantes nos anos 1960: a *scissors jump*, quando o saltador supera a barra com um movimento de pernas lembrando uma tesoura, e a *western roll*, em que o atleta "mergulha" para cima, superando o sarrafo de frente. Aos 16 anos, Dick aprendeu as duas técnicas, mas se sentia melhor com a *scissors*. Seu treinador insistia que ele deveria se concentrar no *western roll*, mas seu melhor resultado com a técnica era 1,63 metro, mais de sessenta centímetros distante do recorde mundial de então.

Dick era persistente. Pediu ao seu treinador para voltar à técnica preferida. Melhorou um pouco os resultados, mas nada que mostrasse que poderia ser um atleta de ponta. Foi então, em um treino noturno, que Dick teve um insight: ou fazia algo diferente, ou teria que se contentar em ser um saltador apenas mediano. Ao correr para um salto, decidiu girar o corpo na decolagem e saltar de costas, olhando para o céu. E obteve sua melhor marca pessoal, 1,71 metro. "Aumentaram a barra e consegui de novo. Naquele dia, aterrissando de costas, melhorei em vinte centímetros os meus saltos. E percebi que tinha criado um estilo próprio", disse o atleta quando sua cidade sediou o Mundial Indoor de Atletismo, em 2016.

Fosbury seguiu melhorando seus resultados em competições, a ponto de conseguir uma bolsa de estudos parcial na Universidade do Oregon, em 1965. Seus treinadores, porém, olhavam o *Fosbury flop*, como passou a ser conhecida a nova técnica, com reservas. Um ano antes dos Jogos Olímpicos de 1968, com sede na Cidade do México, Dick era apenas o 61º do ranking mundial. Mas, nas seletivas americanas, surpreendeu e conseguiu a terceira e última vaga da equipe dos Estados Unidos para a Olimpíada. Era visto por muitos jornalistas, entretanto, como uma "atração exótica" da delegação americana, sem chances de medalha. "Fosbury parece mais um homem em apuros tentando se acomodar em uma espreguiçadeira muito menor que seu tamanho", escreveu a revista *Sports Illustrated* sobre o movimento incomum do saltador.

No dia da final olímpica, a barra foi colocada a dois metros de altura. A partir daí, seria pouco a pouco erguida pelos juízes. Fosbury foi avançando sem errar nem um salto sequer, e os risos pelo estranhamento com sua técnica, aos poucos, se tornaram aplausos entusiasmados das 80 mil pessoas que lotavam o Estádio Olímpico. A definição do ouro ficou entre Dick e seu compatriota Ed Caruthers, que tinha a desvantagem de ter perdido alguns saltos. O sarrafo foi colocado a 2,24 metros. Ed falhou. Dick Fosbury, não. O garotão de Portland ultrapassou a barra, ganhou o ouro e estabeleceu novo recorde olímpico.

Mas nem o ouro foi capaz de convencer alguns céticos. Payton Jordan, treinador-chefe da delegação de atletismo dos Estados Unidos, era um deles. "As crianças imitam os campeões. Se tentarem imitar Fosbury, ele vai anular toda uma geração de saltadores, porque todos vão quebrar o pescoço", disse Jordan.

O que Fosbury intuiu tinha uma explicação física. Ao efetuar o giro na decolagem, ele deslocava seu centro de massa para fora do corpo, permitindo que seu tronco atingisse uma altura maior. O complexo movimento era completado com um chute com as duas pernas, evitando que ambas tocassem e derrubassem o sarrafo.

Quatro anos depois, nos Jogos de Munique, Fosbury não esteve presente por problemas físicos. Mas 28 dos quarenta competidores do salto em altura utilizaram sua técnica. Desde então, o *Fosbury flop* se tornou uma técnica totalmente hegemônica, elevando os recordes da prova a alturas inimagináveis antes da "revolução" de Dick. Até hoje é assim.

## O CARROSSEL HOLANDÊS

"Em toda a minha carreira, eu quis chamar a minha mãe em campo duas vezes: a primeira, com 17 anos, na minha estreia no clássico Peñarol × Nacional. A segunda foi com 32 anos, quando enfrentei pelo Uruguai a Holanda na Copa de 1974. Quando peguei a bola pela primeira vez, quatro jogadores vieram para cima de mim e me desarmaram. Não entendi nada. A cena se repetiu e foi assim o jogo todo. Ali, eu também quis a minha mãe." Esta declaração do craque uruguaio Pedro Rocha, também astro do São Paulo, após a derrota de sua seleção na estreia do Mundial da Alemanha por 2 × 0 (fora o baile), dá conta do que era enfrentar a equipe que mostrou ao mundo o conceito de "futebol total": um desespero!

A equipe treinada por Rinus Mitchels tinha como pilares a combinação harmônica entre disciplina coletiva e criatividade individual. Como Pedro Rocha, o mundo ficou estupefato com aquele jeito absolutamente inovador de movimentar a bola e os corpos pelo gramado, envolvendo e subjugando o adversário em uma espiral que culminava com a bola dentro do gol rival – e várias vezes em uma mesma partida.

Depois da estreia contra o Uruguai, a Holanda teve um empate em 0 × 0 com a Suécia. Classificou-se para a segunda fase com um 4 × 1 sobre a Bulgária. Fez 4 × 0 na Argentina, 2 × 0 na Alemanha Oriental e eliminou o Brasil, então campeão do mundo, por 2 × 0. Na final, porém, acabou perdendo para os alemães, donos da casa, por 2 × 1, de virada. A derrota tornou-se apenas um detalhe menor perto da contribuição ao futebol legada pela Laranja Mecânica, como ficou conhecida aquela seleção por causa da cor laranja do seu uniforme e do filme homônimo de Stanley Kubrick, que fazia sucesso na época.

A posse da bola era uma obsessão dos holandeses. Sua recuperação, uma missão de todos, o que explica o desespero de Pedro Rocha ao ver aquele enxame laranja o cercar toda vez que tocava na bola. De posse da esfera, o espírito coletivo passaria a funcionar como um holofote a lançar luz sobre o talento individual. O jogador com a bola nos pés era o eixo por onde orbitavam os demais, oferecendo possibilidades múltiplas de passes. E assim girava o Carrossel Holandês, como também foi eternizado aquele time mágico. Um sonho que só foi possível a partir de um desejo profundo de mudança que extrapolou os campos de futebol e afetou a Holanda como um todo.

Aliás, uma das heranças do Carrossel Holandês foi a forma como o time do Barcelona passou a jogar, absorvendo uma nítida influência de Johan Cruyff, que, depois de brilhar na Holanda, tornou-se jogador e, anos mais tarde, treinador do clube catalão.

No livro *Brilliant Orange*, o inglês David Winner, apaixonado pela cultura e pelo futebol holandeses (a ponto de se mudar para Amsterdã), analisa o fenômeno da revolução do futebol do país à luz de transformações importantes que ocorreram na sociedade holandesa do pós-guerra, envolvendo a política, os costumes, as artes e a arquitetura.

Winner conta que, em fins da década de 1950, Amsterdã era uma das capitais mais tediosas da Europa. O futebol refletia esse cenário. Os clubes holandeses e mesmo a seleção nacional eram sacos de pancada nos torneios continentais. O profissionalismo só chegaria na metade da década, o que significa dizer que os melhores jogadores do país, se quisessem viver do futebol, tinham que buscar clubes além de suas fronteiras. Mas, se fizessem isso, eram banidos do selecionado pelas regras vigentes ali.

Os vexames iam se sucedendo. Em 1957, a seleção holandesa levou 5 × 1 da Espanha. Em 1959, 7 × 0 da Alemanha. Em 1960, 8 × 2 da

Inglaterra. Segundo Winner, o jogador Hans Kraay, do Feyenoord e da seleção naqueles tempos difíceis, chegou a declarar: "Nós não evoluímos como os italianos, os espanhóis, os franceses. Temos talento e possibilidades, mas nossa personalidade não é forte o suficiente. E tem também nosso jeito de ser. Somos muito tímidos, não somos ainda cosmopolitas".

## FUTEBOL, REFLEXO DE UMA NOVA AMSTERDÃ

Vinte anos depois do fim da Segunda Guerra, a Holanda finalmente respirava novos ares. Uma atmosfera mais colorida e menos cinza foi aos poucos impregnando de frescor os ares do futebol, notadamente do principal time da capital, o Ajax. O clube tinha a tradição de buscar sempre o ataque com estratégias sofisticadas que privilegiavam habilidade, passes rápidos e jogadas pelas pontas. Uma filosofia cujo fundador era o inglês Jack Reynolds, que dirigiu o clube em três momentos entre 1915 e 1947.

David Winner narra que Reynolds criou os pilares do sistema de formação de jogadores do Ajax, decantado até hoje – um estilo ofensivo e belo que é praticado por todas as categorias, dos infantis ao profissional. No final dos anos 1940, Reynolds teve como atleta Rinus Michels, o homem que, tempos depois, transformado em treinador, levaria aquelas ideias ao estado de arte.

Antes do holandês Michels, porém, houve no Ajax, como Reynolds, outro inglês fundamental. Em 1959, Vic Buckingham assumiu o time botando a bola no chão. "Posse de bola é o segredo, não o *kick and rush* [chutões]. Se você está com a bola, retenha-a com você. Assim, o outro lado não vai marcar gols", disse o treinador em entrevista ao autor de *Brilliant Orange*. Quando comparava as habilidades dos holandeses com as de seus compatriotas, Buckingham se derretia: "Suas qualidades são diferentes. Sua inteligência também. E não aprenderam comigo. Estavam ali, só esperando para aparecer". O Ajax de Buckingham venceu o Campeonato Holandês de 1960 com uma média de 3,2 gols por partida.

## CRUYFF, O CARA FORA DA CURVA

Em 1961, Buckingham voltou à Inglaterra para treinar o Sheffield Wednesday. Em 1964, retornou ao Ajax. O ano coincidia com a subida aos profissionais de um garoto que o impressionaria: Johan Cruyff. "Ele era muito maduro", lembrou o técnico, falecido em 1995. "Era um garoto magro com imensa energia. Ele podia correr o campo todo. E fazia de tudo: avançava ao ataque, caía pelas pontas, corria até a área adversária, cabeceava, chutava com a direita e com a esquerda, e tudo com muita velocidade. Assim era Johan. E um menino muito legal", disse Buckingham, de acordo com David Winner.

Mas Buckingham não resistiu às pressões pelo fato de o Ajax, no campeonato de 1965, fazer campanha pífia e estar ameaçado de rebaixamento. Para o seu lugar, o clube contratou Rinus Michels. O ala Sjaak Swart lembra o jogo de estreia: "Nós ganhamos do MVV Maastricht por 9 × 3 e eu marquei cinco gols. Depois desse jogo, nós tínhamos um time". O Ajax salvou-se do rebaixamento e, na temporada seguinte, conquistou o título holandês. Michels contou a David Winner as primeiras medidas no comando da equipe. "Primeiro, você precisa ter uma ideia da qualidade do material humano que tem em mãos e do espírito da equipe, que naquela época era bem ruim. Eu precisava tirar o time daquela posição na tabela, mudando o espírito e a tática de jogo. Estabeleci algumas diretrizes que exercitamos à exaustão, semana após semana. O segundo passo foi dar um maior equilíbrio ao conjunto, detectando alguns jogadores-chave para melhorar a performance do time."

O mesmo Swart lembra-se das novidades implementadas por Michels em busca de sua filosofia de "ataque implacável": "A única coisa que os treinadores faziam à época era ordenar que corrêssemos dez quilômetros todos os dias. Com Michels, fazíamos tudo com a bola. No começo da temporada, treinávamos muito duro, com cinco sessões por dia. Fazíamos trabalhos curtos específicos para o futebol. Piques, ginástica pela manhã. De tarde, treino com bola. Eu, que era lateral, tinha que ficar cruzando bolas para o centroavante. E sempre com sprints, nunca podia ficar parado e simplesmente cruzar. Também havia treinos de passe, de avanços um contra um. Eram treinamentos intensos, inovadores e criativos. Nós gostávamos muito", disse Swart ao autor de *Brilliant Orange*.

Outra medida de Michels foi persuadir a diretoria a garantir salários a todos os jogadores, evitando que eles precisassem fazer bicos para sobreviver (Cruyff chegou a vender jornais nas ruas). Assim, o elenco treinava duro durante todo o dia e tinha as noites livres. Era o único jeito de competir em nível internacional.

Depois de conhecer bem o elenco, Michels solicitou reforços pontuais. Um deles foi Henk Groot. "Às vezes, um ou dois jogadores fazem tanto efeito no equilíbrio do time que constituem a diferença entre ser um saco de pancadas e tornar-se campeão", declara o treinador no livro de Winner.

A maior diferença, entretanto, estava ali e havia sido formada em casa: Johan Cruyff. Mesmo novato, ele tinha uma presença hipnotizante dentro e fora de campo. Demonstrava originalidade e capacidade de se insurgir contra o que achava errado que eram notáveis para sua tenra idade. Parecia saber exatamente qual era seu valor. "Ele era um modelo para nós", diz o colega Karel Gabler. "Era como John Lennon para os ingleses. Falava com uma lógica incrível. Sabia que podia ganhar dinheiro e também que nossa carreira era curta. Sabia que tinha um talento que as pessoas estavam dispostas a pagar para ver."

Um exemplo de sua postura foi a insurreição contra a Federação Holandesa. Numa época em que jogar pela seleção era considerado uma honra, Cruyff exigiu que os jogadores recebessem por isso. "Cruyff entrava em todo tipo de conflito porque começou a reverberar o que toda a juventude holandesa estava questionando: por que as coisas são como são?", afirmou Gabler. São emblemáticas as fotos de Johan na Copa de 1974 com o uniforme laranja que, em vez de três listras, tinha duas. Ele se recusou a usar a clássica logomarca da Adidas, a menos que recebesse por isso.

Louis van Gaal, treinador holandês consagrado, refere-se a Cruyff no livro de Winner com uma reverência que não deixa dúvidas: "Os holandeses fazem seu melhor quando combinam um sistema com a criatividade individual. Johan Cruyff é o mais importante representante dessa ideia. Ele fez este país depois da Segunda Guerra. Acho que foi o único que realmente entendeu os anos 1960". Dentro de campo, Cruyff era a personificação da excelência. Fazia tudo com habilidade: dribles, passes, lançamentos, cabeçadas, conclusões, condução com qualquer uma das pernas. Um dos maiores craques de todos os tempos.

## 1 + 1 = 3: DOIS VISIONÁRIOS SE ENCONTRAM

O Ajax que seria a base para a Laranja Mecânica nasceu, portanto, do encontro de dois gênios revolucionários: Michels e Cruyff – um líder do lado de fora, outro dentro do campo. O treinador implantou uma ideia de profissionalismo que os holandeses não conheciam. Levou o time para jogar amistosos com equipes da Bélgica e da Alemanha e aprender com os adversários que tinham melhores resultados. Adotou medidas disciplinares para proibir noitadas regadas a álcool. Fazia reuniões diárias com seu *staff* técnico e médico. Montou um gabinete de trabalho, um escritório. Quem quisesse conversar com ele não o faria à beira do gramado. E mantinha um senso de igualdade no relacionamento com seus comandados, tirando o melhor de cada um.

O Ajax rapidamente assumiu a hegemonia nacional. Ganhou os Campeonatos Holandeses de 1966, 67, 68 e 70. Foi vice-campeão da Copa Europeia, atual Liga dos Campeões, o principal torneio de clubes da Europa, perdendo do Milan na final em 1969. Chegaria ao topo 2 anos depois, conquistando o título continental em 1971, 72 e 73, três vezes seguidas.

Maravilhado, o planeta logo cunhou o termo "futebol total" para definir um sistema de jogo em que todos atacavam e defendiam; os jogadores não tinham posição fixa e se autorregulavam em campo, protegendo-se e garantindo que todos os espaços seriam ocupados pelo "sistema".

Fora de campo, tanto Michels quanto Cruyff, já líder absoluto dos jogadores, traçavam estratégias para evitar comodismos. O treinador, quando notava uma sessão mais modorrenta, ordenava a seus auxiliares que inventassem decisões e arbitragem injustas, para provocar tensão. À primeira reclamação, respondia: "Ficou contrariado? Achou errado? Espere então para ver como será a arbitragem no jogo de sábado". Cruyff, por sua vez, escolhia a dedo os filmes que o time deveria ver na concentração. Se havia relaxamento, filme de guerra. Se havia tensão excessiva, comédia. Assim, iam puxando o nível competitivo do grupo ao patamar que desejavam.

Michels e Cruyff foram a sustentação de uma filosofia de trabalho que renderia à Holanda dois vice-campeonatos em Copas do Mundo (1974 e 1978). E seria a base de outra revolução, quatro décadas depois: o Barcelona de Guardiola. Porque ambos os holandeses trabalhariam no Barça, Michels como técnico e Cruyff como jogador e, depois, técnico, erguendo os pilares de um jogo competitivo, vencedor e belo. Michels faleceu em 2005. Cruyff, em 2016. Seus legados seguirão vivos enquanto alguém correr atrás de uma bola.

### GÊNIOS FORA DA LÂMPADA

Várias inovações marcaram a história do futebol – a paradinha de Pelé na hora do pênalti, que iludia o goleiro e resultava na bola colocada no outro canto; a cobrança de falta "folha seca" de Didi, cujo efeito estonteante fazia a bola subir e cair para as redes no último instante; as cobranças de lateral com uma cambalhota da jogadora Leah Lynn, brasileira criada nos Estados

Unidos, que levou para o futebol feminino a técnica acrobática que potencializa o lançamento direto com as mãos para a área adversária.

Todas as modalidades têm seus inovadores – aqueles que ousaram inventar, criar algo diferente. Aqueles que, no início, foram vistos como excêntricos ou até irresponsáveis, e depois se provaram visionários, tornando-se divisores de águas em seus esportes.

Bernard fazia a loucura da torcida no boom do vôlei brasileiro nos anos 1980 com seu saque "jornada nas estrelas", que lançava a bola a uma altura estupenda e dificultava a recepção adversária – técnica que ele desenvolveu no vôlei de praia, aproveitando o sol escaldante carioca que "cegava" os rivais. Inovou também seu colega Renan, criador do "viagem ao fundo do mar", um "saque-cortada" que virou mandatório no vôlei dali em diante, como você verá no próximo capítulo. E o que dizer dos treinos de música na formação dos atletas de tênis de mesa da China, que trabalham o jogo de pernas, fundamental no ritmo do esporte, de maneira coreográfica e ritmada, parte do trabalho que faz do país a terra dos melhores mesa-tenistas do mundo?

Há também muita inovação nos bastidores. O trabalho de análise de dados de Peter Brand, por exemplo, que orientou o *manager* Billy Beane, do Oakland Athletics, a mudar a maneira como recrutava jogadores e tornar o time, de recursos limitados, a sensação do beisebol americano em 2002 (história retratada no ótimo filme *O homem que mudou o jogo*, com Brad Pitt no papel de Beane). Ou o supermaiô "pele de tubarão" (LZR Racer, fabricado pela Speedo), que acelerou os nadadores na piscina nos Jogos de Pequim-2008 e dinamitou vários recordes mundiais – o material era tão eficiente que a Federação Internacional de Natação decidiu proibi-lo no ano seguinte.

A indústria de materiais caminha lado a lado com o esporte, buscando a melhora contínua da performance.

O campeão olímpico Thiago Braz ganhou o ouro na Rio-2016 saltando com varas de fibra de carbono, superflexíveis, mas elas já foram de bambu. Os atletas de tae kwon do já não reclamam tanto da subjetividade dos juízes, pois os golpes hoje são avaliados a partir de sensores eletrônicos instalados nos capacetes e demais protetores.

Assim como no mundo corporativo, cujo melhor exemplo é o de Steve Jobs, fundador da Apple, e mais recentemente Elon Musk com os projetos Tesla e SpaceX, também no esporte algumas inovações são fruto da coragem, da força transformadora de seus protagonistas, que vão muito além de inovar dentro das regras existentes. Inventam novas regras, quebrando as antigas. É o caso de Kathrine Switzer, a primeira mulher a correr uma maratona com inscrição oficial. Em 1967, era proibido às mulheres participar de maratonas. Mas Kathrine se inscreveu como K. Switzer e, usando um agasalho com capuz na cabeça, largou no meio dos homens naquela manhã gelada de Boston. A certa altura, jornalistas no carro da imprensa perceberam que havia uma mulher na pista e avisaram o diretor da prova, Jock Semple. Este desceu do carro e tentou tirá-la à força da prova, mas não conseguiu. Seu namorado, que corria ao lado, interpôs-se e garantiu que Kathrine seguisse adiante e concluísse a prova.

Apesar da repercussão e do debate criado, levaria mais 5 anos até que as mulheres ganhassem o aval dos organizadores para correr as maratonas. Em 2017, 50 anos depois, Kathrine correu novamente a prova de Boston, uma das mais duras do mundo, com o mesmo número 261 na camiseta. E terminou mais uma maratona – aos 70 anos de idade. Ela lidera a fundação 261 Fearless [261 destemidas], cuja missão é empoderar mulheres por meio da corrida.

Buscar novidades é da natureza humana e condição essencial para conquistar ou prolongar o sucesso em qualquer atividade. Quem se acomoda em uma fórmula de sucesso corre o sério risco de ser atropelado pelos ventos da mudança. Por essa razão, várias empresas que estiveram nas listas de melhores do país há 10 anos simplesmente desapareceram dos rankings. Seus modelos de negócios foram destruídos, da noite para o dia, por competidores que não estavam em seus radares e trouxeram soluções inovadoras. Da mesma forma, alguns executivos famosos no passado, mas com DNA tipicamente "analógico", têm perdido o pódio para uma nova safra de profissionais com um *digital mindset*, imbuídos de uma cultura de inovação sem precedentes. A seleção brasileira de futebol sabe bem o que é isso.

Luiz Felipe Scolari, o Felipão, na Copa de 2014, no Brasil, foi bastante criticado por não ter se atualizado nos métodos, nas técnicas nem no discurso que utilizou na vencedora campanha de 2002 – quando a força coletiva da "família Scolari", aliada à técnica do trio Ronaldo-Rivaldo-Ronaldinho Gaúcho, foi a marca daquela conquista.

Doze anos depois, a mesmice venceu a inovação e "acrescentou" ao seu vitorioso currículo o maior vexame da história do futebol brasileiro – a derrota por 7 × 1 para a Alemanha na semifinal da Copa, em pleno estádio do Mineirão. Scolari resgataria parte do seu prestígio no Brasil ao retornar ao Palmeiras em 2018, conquistando o Campeonato Brasileiro. Uma das principais mudanças em seu trabalho foi a troca de seu antigo auxiliar, Flávio Teixeira, o Murtosa, pelo jovem Paulo Turra.

O futebol brasileiro emite sinais de que precisa urgentemente se reinventar, pois a maioria de seus times e treinadores insiste em táticas do passado, num estilo de jogo que já não parece mais adequado aos novos tempos, em que brilham técnicos inovadores como Jürgen Klopp, Diego Simeone, Pep Guardiola, José Mourinho e Mauricio Pochettino.

Caso siga na mesmice, o futebol brasileiro pode se restringir a mero "produtor" de jovens talentosos, que vão brilhar em países com mercados mais atraentes, sob outro tipo de orientação técnica e tática mais alinhada ao contexto atual – algo que já vem acontecendo e pode se intensificar.

O mesmo ocorre com empresas tradicionais que não conseguem mais ser atrativas e se limitam a cumprir um papel de provedoras de talentos para startups e empresas da Nova Economia.

## VAR - TRÊS LETRINHAS INOVADORAS E POLÊMICAS

Inovações disruptivas não são, claro, coisas corriqueiras. Mas sua busca deve ser algo incessante na rotina de todos nós, em qualquer atividade. Entretanto, é fundamental que se dê um tempo para que uma inovação amadureça – caso contrário, a evolução pode patinar.

O esporte mais popular do mundo enfrentou esse dilema, desde o início, com a implantação do VAR, oficializada pela Fifa em 2018. VAR, de *video assistant referee*, é a sigla em inglês para árbitro assistente de vídeo e marca a entrada da tecnologia para auxiliar juízes e bandeirinhas na aplicação das regras do jogo. Com o auxílio de imagens de diversas câmeras, uma equipe auxiliar pode ajudar o árbitro de campo a rever decisões.

Mas o debate público ocorreu em torno da eficiência da ferramenta. Muitos questionaram a interferência demasiada da equipe de vídeo sobre a arbitragem de campo. Outros afirmaram que as paradas para revisão dos lances afetavam o fluxo natural do espetáculo.

Já os defensores do VAR argumentaram que a ferramenta corrige injustiças nos resultados dos jogos e dos campeonatos e que o árbitro ficou muito vulnerável na sua autoridade com a evolução das transmissões – seus erros ficaram muito mais expostos, e é justo que a ele seja oferecido o auxílio eletrônico.

Trata-se, certamente, da maior interferência na maneira de se mediar um jogo de futebol em toda a história do esporte – um bom exemplo de parceria entre a tecnologia e a capacidade humana. Mas algo tão relevante pede um tempo de adaptação, ainda mais em um universo onde a paixão é mandatória.

Seja oriunda da tecnologia, seja da inventividade humana, a inovação só se sustenta se for um instrumento que contribui para alcançar os resultados desejados, do contrário será mero ornamento – quando não perda de tempo e desperdício de recursos que poderiam ter um destino mais produtivo. Saber identificar a que categoria ela pertence é uma das reflexões propostas pelo capítulo 8.

# PAUSA: UM POUCO DE HISTÓRIA

Mobilizar um país pelo esporte foi uma estratégia muito explorada pelos regimes ditatoriais sul-americanos nas décadas de 1970, com um viés nem sempre tão altruísta. João Saldanha, que transformou um apático elenco de "canarinhos" em um combativo time de "feras", foi demitido do cargo de treinador da seleção brasileira de futebol perto do início da Copa do México, dando lugar a Mário Zagallo, muito menos contestador do regime militar. A conquista do tri em terras mexicanas foi celebrada pelos militares – que empreendiam um governo desenvolvimentista, mas repressor – como reforço de sua narrativa ufanista.

Na Argentina, que sediou a Copa de 1978, o governo do general Jorge Videla capitalizou à exaustão o senso patriótico da população, estratégia para nublar as atrocidades que cometia contra as liberdades individuais. Onipresente nos estádios, Videla teve o ápice de seu protagonismo na partida semifinal da Argentina contra o Peru. Antes do jogo, ele visitou o vestiário do adversário em companhia de Henry Kissinger, secretário de Estado dos Estados Unidos, que apoiava os governos militares da América do Sul. O jogo até hoje levanta suspeitas de manipulação devido ao estranho resultado conquistado pela Argentina diante da irreconhecível seleção peruana.

Na segunda fase, o Brasil havia derrotado o Peru por 3 × 0 e venceu a Polônia por 3 × 1. A seleção só não iria à final se a Argentina goleasse o Peru por pelo menos quatro gols de diferença, o que era improvável dada a qualidade da equipe peruana. Pois o jogo terminou em 6 × 0 para a Argentina, com incrível facilidade. Suspeitas recaíram sobre alguns jogadores, inclusive sobre o goleiro Ramón Quiroga, argentino naturalizado peruano. A Argentina venceu a Holanda na final e o governo Videla incensou o primeiro título mundial do país como parte da sua estratégia de comunicação.

# 8

## CRIE VALOR, E NÃO FIRULAS IMPRODUTIVAS

Naquela manhã, Renan Dal Zotto acordou com barulhos diferentes dos que normalmente entravam pela janela do apartamento que dividia no Rio com colegas de seleção brasileira. Os gritos iam ficando aos poucos mais fáceis de entender. "Vai, Xandó! Levanta, William! Defende, Montanaro!" Ele botou a cara na janela e viu, na rua, garotos jogando vôlei numa rodinha. E ouviu seu próprio nome sair da boca de um menino, após uma cortada. "Renan!" Incrédulo, extasiado, o jovem ponteiro da seleção voltou correndo para acordar os demais. "Venham ver, eles estão falando da gente!"

Era o início dos anos 1980, e o voleibol ganhava popularidade no Brasil, impulsionado pela rivalidade entre os cariocas da Atlântica Boavista, os paulistas da Pirelli e do Banespa, os mineiros do Minas Tênis Clube, times que dominavam os torneios nacionais, e pela cobertura da TV Bandeirantes, capitaneada pelo narrador Luciano do Valle.

No país do futebol, aqueles jovens de classe média, altos e letrados, craques com a bola nas mãos, tornavam-se ídolos de Norte a Sul, personagens de matérias de televisão, capas de revistas, símbolos sexuais, astros da cultura pop. "Eles eram os Beatles. Esses caras saíam pelo Brasil para jogar e vocês não têm ideia do que era. A histeria, os gritos. Realmente, foi uma coisa inesperada, e bateu em cada um de uma forma diferente", lembrou o treinador Bebeto de Freitas, falecido em 2018, mentor da chamada Geração de Prata, em entrevista em 2014 ao site do Globo Esporte.

O ponto de mudança do status do vôlei no Brasil foi o Mundialito, torneio idealizado por Luciano do Valle, que iniciava sua trajetória de empresário do esporte em paralelo à carreira de narrador. Em setembro de 1982, doze das melhores seleções do mundo vieram ao país para o torneio, uma espécie de preparação para o Mundial da Argentina, que ocorreria um mês depois. A frustração dos brasileiros com o futebol após a derrota da mágica seleção de Telê, Zico, Sócrates e Falcão no Mundial da Espanha abria oportunidades para uma nova paixão, com uma bola e um espírito mais leves. Luciano percebeu isso e tratou de arriscar. Foi o primeiro torneio de vôlei transmitido ao vivo pela TV brasileira. E a população aprovou, indo aos ginásios e dando bons índices de audiência.

A seleção de Bebeto chegou à final e derrotou os "intransponíveis" soviéticos por 3 sets a 2, vencendo o torneio. Na manhã seguinte, Renan e seus companheiros eram destaque na imprensa brasileira e também no exterior. A partir dali, o vôlei se tornaria o segundo esporte do país, rendendo títulos mundiais e medalhas de ouro olímpicas. A primeira grande conquista seria o vice--campeonato nos Jogos de Los Angeles-1984, façanha que legou àqueles jogadores sua carinhosa alcunha – afinal, perderam o jogo decisivo para os donos da casa.

"Nós não tínhamos muito contato com o que acontecia lá fora. Não víamos o que estavam fazendo as seleções de países do Leste Europeu, da Ásia. Então, era preciso inventar", confidenciou Renan quando elaborávamos este livro. Bebeto e depois seu sucessor, José Carlos Brunoro, criaram com aqueles jogadores o que Renan chama de "uma escola brasileira de voleibol", baseada em muita experimentação. Os atletas eram incentivados a criar jogadas novas. O maior símbolo das inovações da Geração de Prata foi o saque "viagem ao fundo do mar", batizado em referência a um seriado de televisão de sucesso na época.

"Era 1978 e estávamos fazendo um amistoso pela seleção na China. Eu vi um chinês efetuando um saque com movimento lateral de braço, e o que me chamou atenção foi que ele levantou um pé do chão", contou Renan. "Eu pensei: se pode levantar um, por que não levantar os dois?" Quando voltou ao Brasil, Renan passou a treinar no seu time, a Sogipa, um saque saltando e invadindo a quadra pelo ar, o que é permitido, alcançando a bola em um ponto alto e efetuando o golpe, como uma cortada. A bola ia com muita força e dificultava a recepção do adversário. "Na final do Campeonato Gaúcho, eu dei o saque e fiz uma série de pontos, ninguém segurava", recordou o jogador. "Era muito arriscado, pois, na época, se a bola resvalasse na rede e passasse, não valia."

Logo, outros jogadores brasileiros, nos clubes e na seleção, como Montanaro e William, passaram a imitar Renan. O "viagem" ganharia o mundo, e até hoje é uma arma fatal na mão dos grandes sacadores. Renan, que se tornou treinador da seleção brasileira masculina, lembra outras inovações da Geração de Prata: o saque "jornada nas estrelas", de Bernard, nomeado também em referência a uma série de TV, que o jogador desenvolveu no vôlei de praia – uma bola altíssima que cai como uma bomba na quadra adversária; a "bola de dois tempos" do mesmo Bernard, que faz os bloqueadores adversários saltarem em vão; o aperfeiçoamento dos ataques do fundo da quadra de Xandó etc. "O atleta brasileiro tem essa habilidade de inovar. Na época, por entender que tínhamos uma limitação física importante, com pouca altura, estávamos sempre atentos a fazer novas jogadas", esclareceu Renan. "Havia um ambiente para a inovação. Quem estava liderando incentivava isso, e também só acontecia porque ficávamos muitas horas treinando."

A inovação acabou virando uma marca do vôlei brasileiro e acompanhou as gerações que se seguiram à de Prata. O time campeão olímpico em Barcelona, em 1992, tinha as bolas de meio-fundo de Giovane e Tande. Depois, a geração de Serginho e Giba, ainda mais vitoriosa (foram campeões olímpicos em 2004), seguiu inventando. "Hoje, uma aliada da inovação é a tecnologia. Eu sei, por exemplo, o limite de saltos que um atleta deve fazer por treino para que evite lesões", afirma Renan, que traz consigo o legado daquele pioneirismo: o apetite pela invenção, o inconformismo com a mesmice, a coragem de correr riscos para vencer. "A versatilidade daquela geração foi o grande diferencial, inspirada por uma comissão técnica que deixava a coisa acontecer."

No basquete, as piruetas que os astros da NBA executam nas enterradas são replicadas e vistas em todo o planeta. O que não podemos nunca esquecer é que eles sempre fazem a cesta, somando dois pontos para o time. Na temporada 2018-9 da NBA, pudemos apreciar uma saraivada de cestas de três pontos, com inúmeros jogadores, como Stephen Curry, Klay Thompson e Kevin Durant, demonstrando uma perícia incomum nos arremessos a distância, fazendo com que a média por partida tenha subido bastante. Jogadas inovadoras associadas a muito treino e suor têm como consequência alta eficácia nos resultados. Essa nova forma de atuar, com jogadores mais leves e mais ágeis, foi muito influenciada pela entrada em vigor de uma nova regra, que reduziu de 24 para 14 segundos o tempo que o time que ataca tem, após um rebote ofensivo, para arremessar a bola para a cesta.

Inovação que vale é a que cria valor, como exemplificado pela Geração de Prata do vôlei e pelas enterradas e arremessos precisos a distância do basquete, que produzem resultáveis tangíveis. Muito diferente de quem confunde inovação com meras firulas pirotécnicas, criativas e até engraçadas, mas improdutivas.

## JOGANDO PARA A PLATEIA: AS APARÊNCIAS QUE ENGANAM

Não demorou muito. Poucas horas depois de a seleção brasileira de futebol garantir a passagem para as oitavas de final da Copa da Rússia, em 2018, ao vencer a Sérvia por 2 × 0, em Moscou, surgiu o gif – como são chamadas as videopiadas de alguns segundos de duração. A disseminação via celulares foi instantânea mundo afora. Você deve ter recebido em seu WhatsApp: Neymar dividia uma bola com um sérvio na linha lateral e caía rolando no chão. Do gramado do estádio Spartak, a edição fazia o camisa 10 brasileiro seguir num rolar contínuo por cenários inusitados: era um tal de

**126**

Neymar rolando com cara de choro pela rodovia, entre caminhões, descendo uma montanha de neve em avalanche, levantando poeira em curvas de rali, atravessando avenida, atingindo pedestre etc.

A rede de fast-food KFC, inspirada no atleta cai-cai, soltaria dias depois um comercial na África do Sul em que um jogador de futebol sofria uma falta e saía rolando cidade afora, até o balcão de uma loja da rede. O astro brasileiro, herdeiro genuíno dos melhores artistas da bola que o Brasil produziu – de Garrincha e Pelé a Zico e Ronaldo –, jogador mais caro do mundo, durante a Copa do Mundo de seu auge físico e técnico (26 anos), virava nada menos que piada mundial. Como isso aconteceu? Como ele e seu *staff* permitiram que isso acontecesse?

Neymar convive com a fama de cai-cai (apelido dado a jogadores que simulam sofrer faltas) desde que surgiu no time profissional do Santos. As quedas exageradas chegavam a nublar a violência das faltas reais que sofria. Virou vilão, acusado de teatralizar o jogo, de enganar os árbitros, uma fama que o acompanhou no Barcelona e no PSG, e também na Copa do Mundo – pecha que, pelo modo como ele se apresentou nas partidas da Copa de 2018, principalmente as primeiras, só fez crescer em terras russas.

A obsessão pelo protagonismo do craque brasileiro emitiu seus sinais logo na estreia, no momento da entrada em campo. Neymar surgiu com um penteado diferente, uma crista-topete loira de gosto duvidoso, preparada pelo seu cabeleireiro particular para a estreia do Mundial. Em campo, na partida contra a Suíça, o mundo viu um jogador excessivamente individualista, que preferia a jogada de efeito ao lance eficiente, o enfeite à objetividade, a reclamação à resignação.

O penteado, que em si não deveria representar nada além de um simples ornamento, virava um sintoma visível de alguém que parecia muito mais preocupado em ser o centro de um espetáculo mundial do que o líder de um time que estava ali para conseguir uma vitória importante. A individualidade, os dribles e as pedaladas acabaram sendo pouquíssimo produtivos, e o Brasil amargou um empate em 1 × 1 com os suíços.

Com o passar dos jogos, Neymar foi diminuindo um pouco as firulas e as simulações, mas esteve longe de ser o jogador que todos esperavam, o líder de que a seleção brasileira necessitava. Deixou a Copa do Mundo frustrado. É emblemático o fato de o atleta, após a eliminação do Brasil nas quartas de final por 2 × 1 para a Bélgica, ter se negado a dar entrevistas. Seus sentimentos individuais prevaleciam sobre qualquer responsabilidade coletiva. Neymar pode até ter vestido a faixa de capitão, mas a faixa – e toda a responsabilidade de líder que ela traz – não vestiu a alma do mimado craque brasileiro.

Embora seja o maior vencedor do futebol brasileiro em Olimpíadas (prata em Londres – 2012 e ouro na Rio – 2016), os prejuízos da imagem do craque – que antes era considerado imprescindível para a seleção – foram acentuados com a conquista da Copa América em 2019, sem a sua presença em campo. Será que Neymar vai conseguir recuperar seu protagonismo? Para o bem do futebol brasileiro, seria muito bom que isso acontecesse, tamanho o seu talento.

### O "FOQUINHA" KERLON

Ornamentos fazem parte do esporte, e é desejável que façam, pois as modalidades são também espetáculos de entretenimento. O que se deve questionar é quando as firulas não conduzem a resultados, prejudicam o jogo coletivo ou são apenas tentativas de humilhar adversários.

O atacante Kerlon surgiu como promessa do Cruzeiro em 2007. Veloz e hábil, em determinada partida fez uma jogada que reverberou mundo afora: levantou a bola e avançou entre zagueiros realizando embaixadinhas com a cabeça. Sem saber o que fazer, o beque parou o garoto na pancada. A partir dali, Kerlon ganharia o apelido de Foquinha, pelo fato de sua jogada lembrar os malabarismos desses animais pelos Sea Worlds mundo afora.

Nas outras vezes que tentou o lance, inclusive em um clássico contra o Atlético Mineiro, Kerlon novamente foi parado com falta. Invariavelmente, gerava uma confusão: ou os adversários iam para cima dele com acusações de que o jovem os estava menosprezando, ou seus companheiros peitavam os rivais pela violência da falta. Enfim, a produtividade da Foquinha era quase nula. Não haveria problema se Kerlon usasse o recurso de maneira inteligente e como parte de um arsenal de soluções criativas e inovadoras capazes de gerar resultados coletivos. Mas ele não avançou além daqueles lances iniciais.

Infelizmente, Kerlon não teve muita oportunidade de aperfeiçoar o drible nem de mostrar que seu futebol era muito mais que um simples lance circense. Graves lesões, principalmente de joelho, abreviaram sua carreira aos 29 anos, sem jamais ter se firmado em clube algum.

Como Kerlon, vários atletas que se destacam por firulas – canetas, drible elástico, pedaladas etc. – no início até encantam a plateia, mas logo depois são cobrados devido à improdutividade e ao exibicionismo individualista.

### INOVAÇÃO FORA DAS QUADRAS

Além do que se passa dentro das quadras e do local onde os esportes são praticados, é importante considerar o impacto da inovação tecnológica no treinamento, no acompanhamento das competições e na interação com o público.

Já faz algum tempo que o maior grupo de torcedores de esportes globais é composto por pessoas que nasceram na era do dispositivo móvel. Esses aficionados pelos esportes têm expectativas totalmente diferentes sobre tudo, incluindo a experiência nos dias de jogo. Eles interagem muito on-line utilizando, o tempo todo, as redes sociais, que provocaram um aumento maciço no volume de dados no mundo.

Os dirigentes esportivos deveriam levar isso em conta e pensar na utilização de *big data* e na análise em tempo real de informação com o objetivo de melhorar o desempenho das equipes e também a experiência dos torcedores. A tecnologia da informação, a automação e a capacidade de processar enorme quantidade de dados constituem novo elemento que já começa a potencializar o desempenho dos times e a interação com seus fãs.

## INOVAÇÃO NAS EMPRESAS

Várias empresas bem-sucedidas têm histórico de inovação intenso e extenso. Em alguns casos, a inovação é até listada como um dos valores. Outros chegam a implantar um departamento de inovação" ou uma área estruturada de pesquisa e desenvolvimento (P&D). Contudo, a inovação que o momento disruptivo e exponencial exige não cabe mais em um "departamento". Inovação precisa ser uma missão de todos: da portaria à presidência. E deve ocorrer todos os dias, de forma sistemática, orgânica e não apenas esporádica.

As empresas precisam inovar sempre, não somente no desenho de produtos, nas embalagens e na tecnologia. É necessário pensar também na inovação "fora" das paredes das empresas, na reinvenção dos modelos de negócios. A guerra deixou de ser entre produtos, serviços ou entre marcas, passando, cada vez mais, a ser entre modelos de negócios que usam fatores intangíveis e extra-produtos para ganhar o jogo: meios de pagamento inovadores e inusitados, sistemas de distribuição e logística antes impensáveis e capacidade de processar dados em volumes extraordinários podem virar o jogo a favor de uma empresa em detrimento da outra.

O primeiro passo na gestão de inovação consiste na identificação e remoção das barreiras mentais internas, que aprisionam expressões inovadoras e nos mantêm reféns da velha forma de fazer as coisas. Precisamos nos livrar de certas "pérolas" do pensamento que impedem a prática cotidiana da inovação: "em time que está ganhando não se mexe"; "cada macaco no seu galho"; "devagar e sempre a gente chega lá" etc.

A gestão da inovação reside também em atitudes e posturas. Exige disciplina. Muita disciplina. A inovação não deve ser vista como um projeto nem mesmo como um dos pilares da cultura empresarial, mas como uma viga da cultura, que serve de sustentação para todos os pilares. Trata-se de um valor que deve perpassar por toda a empresa.

Na Era Industrial, os gênios eram caricaturados dentro de garrafas que os aprisionavam. Agora, precisamos libertá-los dos retângulos dos organogramas, das salas de aula e dos sofás em frente às televisões. O grande desafio para o "gênio" do futuro não será inventar um produto ou fazer uma descoberta científica. O trabalho "genial" será criar condições favoráveis para despertar e cultivar a "genialidade" em outras pessoas. Genial é a atitude de cocriação de soluções da empresa com seus clientes, fornecedores e parceiros. Cocriação será a nova fronteira da inovação. Será cada vez mais o nome do jogo!

Em resumo, no esporte e na vida, inovar significa criar e capturar valor. Em uma empresa, o checklist é simples: essa inovação que você está propondo vai reduzir custos? Aumentar a receita? Mitigar os riscos? Acelerar o retorno no investimento? Se pelo menos uma das respostas não for afirmativa, a novidade que está sendo proposta não é uma inovação, mas uma mera ideia criativa. A inovação que não gera valor causa desperdício de recursos – humanos, materiais e financeiros. Além disso, perde-se também o bem mais precioso: o tempo!

Como no futebol, inovação útil é a que redunda em gol, ou a que redunda numa cesta no basquete. Do contrário, é mera firula daqueles que gostam de jogar para a plateia sem fazer os gols ou as cestas que decidem um certame.

Mas aqui cabe um alerta: você pode ser um profissional integrador, determinado, capaz de superar adversidades e inovador, que são quatro lições do esporte desenvolvidas até agora. Ainda assim, falta um quinto fator, que será determinante para o seu sucesso: a autogestão. Essa é a competência "diferenciadora" que será aprofundada nos capítulos seguintes, também repletos de exemplos inspiradores.

131

## PAUSA PARA REFLEXÃO

**1. Descreva uma situação na qual você tenha percebido baixo grau de inovação:**
a) No esporte
b) Em uma empresa
c) Em uma família
d) Em um grupo

**2. Descreva uma situação na qual você tenha percebido alto grau de inovação:**
a) No esporte
b) Em uma empresa
c) Em uma família
d) Em um grupo

**3. Dos exemplos deste capítulo, liste três lições que você extrai para aplicar no seu dia a dia.**

**4. Liste três atitudes que você precisa mudar para aumentar o seu grau de inovação.**

**BÔNUS PARA O LEITOR: 2 QR CODES**

O salto revolucionário de Fosbury

Jornadas e viagens: a Geração de Prata

# PARTE 5

## AUTOGESTÃO

"Antes de pretender liderar os outros, aprenda a liderar a si mesmo", ensinam líderes bem-sucedidos em várias esferas de atuação.

A autogestão é uma competência que deve estar no centro de qualquer modelo de referência sobre sucesso profissional, felicidade e liderança. Afinal, o conhecimento dos seus pontos fortes e das suas lacunas nas habilidades que necessitam de aperfeiçoamento tem se tornado um diferencial decisivo em processos de seleção, de *assessment* e de promoção ou demissão no ambiente de trabalho. O autoconhecimento também é essencial no convívio social e familiar.

Mas, apesar dessas considerações tão óbvias, a autogestão continua sendo o calcanhar de aquiles da maioria das pessoas em geral e dos líderes em particular. Muitos são competentes do ponto de vista técnico, possuem bagagem e escolaridade invejáveis, conseguem resultados extraordinários, mas um dia a conta chega. E quando investigamos a causa-raiz do fracasso de celebridades, autoridades, profissionais antes bem-conceituados, sempre encontramos vestígios de deslizes éticos, baixo grau de inteligência emocional, pavio curto, ausência de propósito, falta de equilíbrio, alto grau de individualismo, egocentrismo, vícios, enfim...

A autogestão sadia se traduz em um conjunto de atributos:

- Coerência entre o que se diz e o que se faz;
- Inteligência emocional;
- Autodesenvolvimento contínuo;
- Gestão eficaz do tempo;
- Senso de prioridade;
- Harmonia entre as diversas dimensões da vida: família, saúde, cidadania, sociabilidade, espiritualidade etc.

No esporte, o craque precisa ser bom não apenas no domínio técnico da sua modalidade, mas também na condução da sua vida profissional e pessoal. Raí, Guga e Serena Williams, como veremos a seguir, representam exemplos de esportistas que transcendem sua maestria nos campos e quadras, servem de inspiração para executivos, gestores, pais de família, líderes comunitários, educadores, cidadãos comuns, jovens estudantes e moradores da periferia. Contudo, existem atletas que, apesar de talentosos, infelizmente se deixam naufragar pela incompetência na gestão das próprias vidas e carreiras ou se tornam motivo de chacota, o antiexemplo, a caricatura do que deve ser evitado.

# 9
## REPUTAÇÃO É ALGO QUE VOCÊ CONSTRÓI

Faltando poucos dias para a Copa do Mundo de 2014, o portal de notícias do grupo Globo, o G1, divulgou levantamento sobre as personalidades que mais apareceram em propagandas televisivas em maio, o mês que antecedia ao início do torneio. E quem liderava era, claro, um jogador de futebol. Mas que já estava aposentado havia 14 anos! Raí superava Neymar com 987 presenças contra 807 da principal estrela brasileira.

Quando recorda o episódio, Paulo Velasco, sócio de Raí na empresa Raí+Velasco, dá um sorriso de satisfação. Eles trabalham juntos desde os anos 1990. Primeiro, na Fundação Gol de Letra, braço filantrópico que Raí fundou, com Leonardo, colega de São Paulo e da seleção brasileira, para atuar com educação e cultura. Em 2002, 2 anos depois que o atleta pendurou as chuteiras, Velasco passou a ajudá-lo no planejamento dos passos seguintes de sua vida profissional. "A gente sempre teve uma obsessão de que mais importante que gerar receita com a imagem do Raí era ter clareza do que ele representava para as pessoas. E como ele poderia se reinventar sem se distanciar de seus valores", informou-nos Velasco, formado em administração pública pela FGV e especialista em gestão de marcas.

Raí não sabia nada sobre marcas, mas tinha plena consciência do papel público que exerceu enquanto era atleta do São Paulo, da seleção brasileira e do Paris Saint-Germain, da França. "Começamos a trabalhar a imagem que acabou ficando da minha carreira. De mais altos que baixos, de comportamento ético, de cuidado no trato com o público", relatou o próprio Raí na visita que fizemos ao seu escritório, em São Paulo. O jogador foi capitão e figura emblemática do tricolor paulista na era de ouro do início dos anos 1990, quando o time, sob comando de Telê Santana, foi campeão brasileiro e bi da Libertadores e do Mundial de Clubes. "Minha principal característica como líder era saber lidar com pessoas de diferentes personalidades. Eu transitava bem com todo mundo", afirma o ex-jogador.

Ao longo da carreira, Raí construiu uma reputação baseada em profissionalismo, competência técnica, liderança, ética e postura assertiva diante das dificuldades. A maneira como se comportou, por exemplo, quando perdeu a posição na Copa de 1994 para Mazinho, apesar de ter iniciado o torneio como camisa 10 e capitão da seleção brasileira – não deu uma declaração sequer de descontentamento e, pelo contrário, vibrou no banco de reservas a cada gol do time –, é um exemplo emblemático de atitude coletiva. O modo feliz e maduro como anunciou a gravidez precoce de sua filha, então com 16 anos, o que o fez se tornar avô aos 33, foi outro episódio marcante de sua atitude em relação a questões pessoais.

A hora de se aposentar, aos 35 anos, também foi uma decisão acertada. "Ninguém tem imagem do Raí decadente em campo. Ele soube a hora de parar. Poderia jogar mais 3 anos, mas parou com o maior contrato da vida, e ninguém ficou com o Raí mal em campo na memória", disse Velasco.

O começo do trabalho foi de diagnóstico e planejamento. "No início, procuramos entender o que a imagem do Raí provocava no mercado, que tipo de proposta recebia, quando dizer sim ou não a um convite e por quê", contou Velasco. "Começamos a escrever o que ele representava, por quais territórios transitava, com quais mercados tinha afinidade, enfim, o que ele construiu na carreira como identidade." Isso incluiu, segundo Velasco, rejeitar propostas financeiramente vantajosas, mas que não dialogavam com os valores construídos por Raí, como associação com cigarros e cervejas, bem como um projeto social-esportivo ligado a uma rede de supermercados que não tinha pilares definidos e poderia se chocar com o trabalho da Fundação Gol de Letra.

"Eu fiz história nos clubes por onde passei, fiquei bastante tempo no São Paulo e no PSG. Isso tinha a ver com o propósito de construir uma história, por isso ficou tão forte", afirmou Raí. "Parei de jogar há 20 anos. Eu tive uma identidade, uma entrega, e hoje tenho um reconhecimento. E tudo começou com a Fundação Gol de Letra, que teve a ver com minha motivação de acordar depois da carreira, levantar da cama e ter alguma coisa para fazer na qual acreditasse. A fundação não tinha nada em termos de recursos, mas muito de proposta e entrega. Hoje, isso também norteia minhas outras ações. É ter tesão para fazer outras coisas que podem gerar alguma receita."

Dentre as atividades que envolvem a "marca" Raí hoje estão a Cinesala, um cinema de rua tradicional de São Paulo que foi revitalizado pela dupla Raí e Velasco, ambos apaixonados por cinema; uma metodologia de treinamento em parceria com a rede de academias Companhia Athletica; um camarote para eventos diversos no estádio do Morumbi; além, claro, da Fundação Gol de Letra. Isso tudo em paralelo com um novo desafio que Raí aceitou na carreira: ser diretor de futebol do São Paulo – o que o colocou na linha de frente das decisões do clube, virando alvo de elogios e críticas de torcedores e da imprensa.

Várias empresas têm Raí como "embaixador". "A gente trouxe uma relação de parceria com as marcas, privilegiando ações de longo prazo. Ficamos mais de uma década com a Caixa, por exemplo. Antes, era simples publicidade, hoje a figura de embaixador de marca envolve desde a participação em evento à presença na internet e nas redes sociais. Somos uma ferramenta de fácil ativação para a empresa comunicar o que ela quiser. Mas se não houver verdade, aderência entre a marca e o Raí, e não tiver contrato de longo prazo, é difícil apresentar resultado", diz Velasco. "Não aceitamos campanhas de três meses. Mas contratos de 1 ou 2 anos, sim.

Uma garantia de entrega para o parceiro e um planejamento mais sólido para a gente." Este é um ótimo exemplo de gestão de carreira de um atleta para a sua nova fase da vida: sem imediatismos e com convergência de valores. Resta saber se a decisão de aceitar ser dirigente do São Paulo, um cargo de alta visibilidade e sujeito a toda sorte de críticas apaixonadas, pode arranhar sua imagem.

Reputação, definitivamente, não é algo que se constrói da noite para o dia, ou em um curso de seis meses. Trata-se de um edifício erguido bloco a bloco, conforme as experiências que acumulamos na vida. A massa que dá liga e consolida a reputação são nossos valores pessoais, as crenças e os conceitos que formam nossa personalidade e vão se sedimentando desde a infância. São esses valores que ditam as escolhas que faremos na vida pessoal e profissional. É o que salta aos olhos quando conhecemos a trajetória de Gustavo Kuerten, o Guga, narrada a seguir.

## HARMONIA ENTRE AS DIVERSAS DIMENSÕES DA VIDA

A terra batida da quadra do Aberto de Stuttgart nunca vira aquilo: uma vovó dentro do Mercedes dado ao campeão. Era Olga Schlöesser, avó materna do tenista Gustavo Kuerten, que acabara de vencer o argentino Guillermo Cañas na decisão por 3 sets a 0, naquela manhã de 23 de julho de 2001. O brasileiro, então líder do ranking mundial, vivia o auge da carreira. Aquele era o quinto título em sete torneios disputados no saibro naquele ano.

Guga fizera questão de dar voltas pela quadra com dona Olga e os pegadores de bola dentro do carro. Aquela cena representava a essência do maior tenista brasileiro de todos os tempos: implacável no saibro, carismático e surpreendente, um "boa-praça" que equilibrava a carreira esportiva com a atenção à família e às iniciativas além-quadra: Guga aproveitava a conquista para anunciar que o Mercedes conversível, com valor de 87 mil dólares, parte de sua premiação pela conquista, seria leiloado em prol do recém-criado Instituto Guga Kuerten (IGK), em Florianópolis, entidade presidida por sua mãe, Alice, com a missão de "contribuir com políticas de promoção e defesa dos direitos do cidadão".

Um dos principais focos do IGK é, até hoje, a inclusão social de pessoas com deficiência – tema sensível para a família Kuerten, pois Guilherme, o irmão mais novo de Guga, falecido em 2007, nasceu com paralisia cerebral.

Guga, que ainda criança perdeu o pai e teve o treinador Larri Passos como figura essencial em seu desenvolvimento, guarda para Guilherme um papel central na estrutura da família. "O Gui me ensinou muito. Mas o principal dele era acordar e já estar feliz. Tem situações em que buscamos algo grande e, depois que conquistamos, já não serve mais. O Gui dava, de uma forma evidente para a gente, uma demonstração de felicidade com o mínimo possível. Com uma palavra, um gesto, uma palma. Um mínimo que trazia uma felicidade não só para ele, mas para todos. A união familiar que ele trouxe, também. Cada melhora dele era comemorada na família. Ele definiu a minha filosofia de vida", disse o tricampeão de Roland Garros em 2014, em entrevista ao *Diário Catarinense*, às vésperas do lançamento de sua biografia.

Quando deixou as quadras, no início de 2008, Guga mais uma vez cativou o coração dos brasileiros pela sinceridade, transparência, humildade e paixão pela profissão. Após anos sofrendo com problemas no quadril, cirurgias, sessões infindáveis de fisioterapia, ele concluiu que não dava mais. Ao final da partida contra o argentino Carlos Berlocq, em que foi eliminado na primeira rodada do Brasil Open, na Costa do Sauípe, ele pegou o microfone do locutor do torneio e disse: "Antes de entrar na quadra, de uma hora para a outra, vieram todas as lembranças que o tênis me trouxe. A cada dia que passa, vejo que o tênis simboliza minha vida. Eu amei este esporte, vivi intensamente os anos em que pude jogar meu melhor, vivi mais intensamente ainda os anos em que tive minhas maiores dificuldades, e hoje saio superfeliz e satisfeito, muito orgulhoso por esse carinho que consegui conquistar". Depois, completou: "Eu aproveito para agradecer a vocês. E não é que eu não queira mais jogar. Desculpem, mas não consigo mais".

Infelizmente, vários profissionais passam longe do exemplo de Gustavo Kuerten – conseguem sucesso no trabalho, mas fracassam na construção de sua reputação e imagem pública. Não zelam pelas relações familiares, não cuidam da saúde e pagam um preço enorme na forma de doenças fisiológicas e psicológicas. Não cultivam amigos, não exercem plenamente a cidadania nem participam da vida comunitária como seria de esperar. Em resumo: não conseguem uma harmonia saudável entre as diferentes dimensões da vida.

O público percebe quando há esse descompasso. Os atletas mais populares tendem a ser aqueles mais transparentes, que têm um discurso coerente com o que praticam fora do ambiente profissional. Talvez essa tenha sido uma das razões pelas quais o técnico português Jorge Jesus conquistou o carinho da torcida do Flamengo em tão pouco tempo, como você verá a seguir.

## O DISCURSO E A PRÁTICA DE JESUS, O JORGE

Era uma manhã diferente aquela de 20 de junho de 2019 no Ninho do Urubu, centro de treinamento do Flamengo, município de Vargem Grande, zona metropolitana do Rio de Janeiro. Não pelo sol, parceiro habitual da cidade, mas pela quantidade de gente do lado de fora do gramado.

Um grande número de jornalistas apontava câmeras e olhares para o campo, onde um grupo de jogadores, ricos e famosos, no auge da forma física, corria ao redor do gramado. Ao centro, acompanhando o ritmo e gritando palavras de ordem, estava a atração principal, um homem de cabelos brancos e fios alongados. O português Jorge Jesus, de 64 anos, consagrado em seu país (só com o Benfica foram dez títulos), comandava seu primeiro treino no mais popular clube de futebol brasileiro.

Bastariam 157 dias para o Flamengo, sob comando de Jorge Jesus, transformar-se de um amontoado de jogadores acomodados, sem capacidade coletiva, com problemas de organização em todos os setores, incapazes de responder à vibração de sua torcida fiel e apaixonada, para o time sensação do continente, capaz de honrar com eficiência e arte os melhores anos do clube – a década de 1980, de Zico, Júnior, Leandro e companhia, que conquistou tudo o que podia. Em 23 de novembro, o Flamengo vencia o River Plate na final da Libertadores da América, em Lima, no Peru, com uma virada sensacional de 2 × 1 nos minutos finais do jogo. No dia seguinte, a derrota do Palmeiras para o Grêmio garantia matematicamente ao rubro-negro também o troféu de campeão brasileiro.

Quando foi contratado, antes de chegar ao Rio, Jorge Jesus deu uma entrevista à TV oficial do clube e explicou a razão de ter aceitado o convite: "Por questões financeiras, eu nunca viria treinar o Flamengo. Tinha na Europa várias equipes que nem se comparam em questão financeira. Vim trabalhar no Flamengo por paixão, por saber que o Flamengo é uma das grandes equipes do mundo".

O Flamengo que Jorge Jesus assumiu em junho era uma esquadra com a autoestima lá embaixo. Abel Braga, o antecessor, não conseguira fazer daqueles craques badalados o time que todos acreditavam ser possível montar. O investimento havia sido feito, a estrutura, providenciada, mas o que se via era uma equipe claudicante, apática, sem alma. Um fiasco. "Time de bananas", segundo vários críticos.

Além do conhecimento tático e técnico trazido da Europa, o aspecto mais relevante do trabalho de Jesus nessa revolução rubro-negra foi justamente a paixão que ele e sua equipe foram capazes de imprimir à rotina do clube. Desde o primeiro treino, torcedores perceberam que havia ali um comandante que se importava – com seu trabalho, com a história do clube, com o papel do Flamengo no futebol brasileiro e, principalmente, com seus torcedores.

Medidas, como treinamento em período integral, disciplina de horários, proibição de celulares nas refeições para estimular a conversa olho no olho, cobrança de envolvimento e dedicação total ao trabalho foram somadas a um discurso ambicioso e conectado com a identidade do clube. Futebol belo e vencedor.

Pouco se falou, porém, da imagem de líder projetada por Jorge Jesus desde sua chegada. O que se viu nesses cinco meses foi um comandante experiente e com um vigor físico invejável para um sexagenário. Um homem do esporte, magro, forte, atento à sua saúde, capaz de se movimentar com desenvoltura dentro do campo de treinamento, de passar orientações na orelha do jogador enquanto este conduzia a bola. O discurso e a prática do treinador estavam absolutamente conectados. Se aquele homem se esforçava assim à sua frente, como um jovem 40 anos mais novo poderia fazer corpo mole?

Via-se também alguém preocupado em conhecer toda a estrutura do clube, seus empregados e funções, e em discutir detalhes, como equipamentos de ginástica e cardápio de refeições. Esse vigor físico e mental de Jorge Jesus oferecia um contraste flagrante com seus pares brasileiros, muitos deles acima do peso, com falas monocórdicas, entrevistas insossas e narrativas protocolares.

Jorge Jesus chegou ao Rio de Janeiro vendendo um sonho. Os jogadores compraram. A torcida também. Em 2020, no primeiro torneio do ano, o rubro-negro mostrou novamente sua superioridade, em plena pandemia de Covid-19, ganhando o título do Campeonato Carioca com tranquilidade. Dias depois da vitória, Jorge Jesus encerrava sua passagem pelo clube, seduzido pelo convite para voltar ao Benfica, um dos gigantes de Portugal. Sua despedida teve emoção e declarações de carinho por parte dele, de jogadores e torcedores. Fato é que, há muito, não se respirava um clima tão vencedor na Gávea. Quem redescobriu o Flamengo foi um português.

Outro exemplo de profissionalismo e alto desempenho andando de mãos dadas com a competência na autogestão é dado pela tenista Serena Williams, que poderia se contentar em ganhar 23 títulos individuais de Grand Slam, quatro medalhas de ouro olímpicas, acumular mais de 72 milhões de dólares em prêmios oficiais e ainda ostentar 319 semanas como a número um do mundo. Mas não conseguiria dormir em paz se ficasse acomodada nas glórias.

### SERENA E CERTEIRA

Ao longo de sua trajetória, a norte-americana Serena Williams, estrela negra do tênis, um esporte da elite branca no mundo inteiro, viu-se na obrigação de lutar fora da quadra por uma conquista que considera mais importante: o direito dos negros à igualdade. E seguirá sendo assim.

Serena e sua irmã Venus (sete títulos de Grand Slam, dezesseis finais) romperam, na virada do milênio, a supremacia de cores claras no topo do tênis. Com a fama e a admiração de milhares no mundo todo, caiu sobre elas também toda a sorte de comentários racistas, principalmente sobre Serena, mais vencedora que a irmã e fisicamente mais forte. Ainda hoje, aos 39 anos, ela tem que conviver com frases como a do jornalista romeno Radu Banciu, dita em setembro de 2019 em um programa de televisão: "Serena Williams parece aqueles macacos no zoológico com a bunda vermelha". Banciu foi multado pelo Conselho Nacional de Combate à Discriminação da Romênia por "racismo extremo", condenado a pagar 1.700 euros por "violar o direito à dignidade".

Também da Romênia já havia surgido outra ofensa, 2 anos antes, esta particularmente infame pelo autor não se tratar de um jornalista reconhecidamente abjeto, mas do maior nome da história do tênis local: Ilie Năstase, campeão do us Open de 1972 e de Roland Garros no ano seguinte. "Vamos ver de que cor é. Chocolate com leite?", disse o ex-tenista.

Frente às ofensas, Serena respondeu com a calma e a elegância de quem está segura de seus valores e zela pela imagem que projeta a seus milhares de fãs, por meio de sua conta na rede social Instagram: "Já disse uma vez e voltarei a dizer: o mundo chegou longe, mas há muito a ser feito. Sim, superamos barreiras, mas existem outras tantas. Nem isso nem qualquer outra coisa me impedirá de trazer o amor, a luz e o positivo em tudo o que empreender. Continuarei travando os combates que considerar justos. Não tenho medo. Ao contrário de você, não sou covarde", escreveu, referindo-se a Năstase. E, num verdadeiro *slice* de autocontrole e inteligência emocional, ela devolveu o saque: "Você pode atirar em mim com as suas palavras, pode tentar me matar com o seu ódio, mas, como o ar, eu me elevo". Ponto digno de um tie-break!

### VIDAS NEGRAS IMPORTAM

Desde o primeiro título, quanto mais Serena vencia na carreira, mais se engajava. Nas entrevistas, nas redes sociais, nos gestos. Colocou-se na linha de frente do movimento Black Lives Matter, que une celebridades negras, como Beyoncé, Jay-Z e Pharrell Williams, na luta contra a violência direcionada aos negros. "Isso me machuca porque é meu povo morrendo. Todos que morrem se parecem comigo. Quem pode dizer que eu não serei a próxima? Eu quero usar minha voz para influenciar outras pessoas a mudar", disse Serena em entrevista ao rapper Common, veiculada na ESPN dos Estados Unidos no final de 2016. E Serena não está sozinha.

Infelizmente, em todo o mundo, cresce o número de casos de injúrias raciais em comunidades mais racistas, inclusive no Brasil. Os atletas põem sua capacidade de autogestão à prova quando enfrentam agressões verbais e gestuais por parte de torcedores, da mídia e de aficionados do esporte. É necessário aprender a separar o problema (a injúria, a difamação, o xingamento, a agressão) da reação. É muito importante não perder a objetividade na hora de lidar com essas situações e acionar a inteligência emocional para reagir com dignidade, altruísmo e competência. Fácil falar, difícil fazer. Mas é preciso ficar atento a reações inadequadas e tomar como inspiração exemplos de atletas que convivem com essas adversidades demonstrando alto grau de civilidade.

## "SERIA EGOÍSTA SE ME CALASSE"

Como Serena, Megan Rapinoe, a capitã da seleção feminina de futebol dos Estados Unidos mantém a coerência na defesa de seus valores mais profundos. Rapinoe, que tornou pública sua homossexualidade em 2012, acredita que, por estar no centro de um cenário tão popular como o futebol, deve utilizar sua visibilidade para dar voz a causas que considera justas. "Seria egoísta se me calasse", disse em entrevista ao portal Yahoo por ocasião da Copa do Mundo da França, em 2019.

Como capitã dos Estados Unidos, ela vem liderando uma batalha contra a própria Federação Norte-Americana de Futebol. Em 2016, meses depois de ser campeã mundial no Canadá, no ano anterior, entrou na justiça contra a entidade, ao lado de outras estrelas da seleção, por "discriminação salarial" – denunciando premiações e estrutura significativamente menores em relação à seleção masculina.

Rapinoe é colaboradora de entidades como a Athlete Ally, que combate a homofobia no esporte, e a Common Goal, que estimula atletas de ponta a doarem 1% de seus salários a iniciativas sociais, além de opositora ferrenha do presidente de seu país, Donald Trump, a quem acusa de ser sexista, misógino, racista e "estreito de ideias".

Quando a revista *Eight by Eight* perguntou a ela, durante a Copa, se iria à Casa Branca receber os cumprimentos de Trump caso a equipe vencesse o torneio – praxe em vários países –, Megan Rapinoe deixou claro que não. Trump, ao ser confrontado com a fala da capitã, rebateu assim, com os grifos em caixa-alta: "Megan deveria primeiro GANHAR antes de FALAR! Termine o trabalho!".

Em 7 de julho, o trabalho foi concluído. Os Estados Unidos bateram a Holanda por 2 × 0 na final da Copa. Rapinoe, 34 anos, fez um dos gols e conquistou seu segundo título mundial. Ganhou também a Bola de Ouro como melhor jogadora do torneio e a Chuteira de Ouro por ter sido a artilheira.

Na volta aos Estados Unidos, a seleção passou longe de Washington. As campeãs foram direto a Nova York, recebidas em uma festa que parou a cidade, com direito a desfile em carro aberto em um belo dia de sol e discursos em frente à Prefeitura. Uma festa do esporte e da diversidade.

## DESLIZES ESCANCARADOS

Nos últimos anos, com a evolução das transmissões televisivas dos jogos de futebol, trapaças recorrentes no campo de jogo ficaram escancaradas. Não há puxão de camisa, agressão sem bola e simulação de falta que escapem a uma câmera de alta definição. Com isso, aumentou a reprovação a jogadores, técnicos e dirigentes que querem, ao arrepio das regras e do espírito esportivo, "levar vantagem em tudo", para lembrar a "lei de Gérson", o Canhotinha de Ouro, que dizia tal bordão em uma antiga propaganda de cigarros – e que viraria mantra do "jeitinho brasileiro" de se fazer algumas coisas a partir de atalhos espúrios.

Em uma única partida de futebol, é possível perceber exemplos de respeito ou desprezo às regras do jogo e ao adversário. Tudo para levar vantagem, para obter a qualquer custo o resultado desejado. O próximo capítulo traz alguns dos mais emblemáticos casos de nossa história recente do esporte mais popular do mundo – exemplos de *fair play*, o chamado espírito esportivo, e também da falta dele.

## PAUSA: UM POUCO DE HISTÓRIA

O uso político do esporte não é fenômeno raro nem muito antigo. Eventos esportivos podem servir de mote para simbolizar estratégias de união nacional. Na África do Sul, o recém-eleito presidente negro Nelson Mandela – em história brilhantemente retratada por Clint Eastwood no filme *Invictus*, de 2009 – associou-se ao capitão da seleção nacional de rúgbi, o branco François Pienaar, para fazer da campanha da equipe na Copa do Mundo de 1995 um símbolo da "união das raças" em uma nação retalhada pelo apartheid.

A África do Sul ganharia aquele Mundial, superando a poderosa seleção da Nova Zelândia, que era a grande favorita. Esse acontecimento foi marcante para incrementar o sonho da reconciliação nacional, propósito maior de Mandela.

Mais recentemente, o Qatar, um país pequeno regido por uma monarquia absolutista, buscando um lugar de maior destaque na geopolítica global, montou uma estratégia fundamentada no esporte. Começou com a compra de um dos principais clubes da Europa, o Paris Saint-Germain, por um dos braços de investimento do Fundo Soberano do país. Os esforços culminaram com a escolha do Qatar para sediar a Copa do Mundo de 2022.

# 10

## ACERTE A MÃO

Em 2009, Irlanda e França decidiram na repescagem uma vaga para a Copa do Mundo do ano seguinte, na África do Sul. Na partida de ida, no Croke Park, em Dublin, no dia 14 de novembro, os franceses levaram a melhor: 1 × 0. Bastava aos campeões de 1998 e vices do Mundial anterior um empate em casa para carimbar o passaporte para a primeira Copa disputada em continente africano.

Quatro dias depois, a torcida dos *bleus* lotou o Stade de France, em Saint-Denis, arredores de Paris, para ver a classificação de sua seleção, amplamente favorita. Mas a Irlanda começou o jogo com um ímpeto surpreendente e, aos 32 minutos, o craque da equipe, Robbie Keane, abriu o placar para os visitantes.

O que se viu em seguida foi um jogo de ataque contra defesa. Os irlandeses se defendiam praticamente com os onze jogadores, enquanto a França massacrava a meta de Shay Given, sem sucesso. A partida foi para a prorrogação.

A esperança dos irlandeses era manter o resultado e levar a decisão para a disputa de pênaltis. Mas, aos doze minutos, Malouda fez um lançamento do tipo "chuveirinho": a bola atravessou toda a área e encontrou o atacante Henry próximo à segunda trave. Ela pingou e veio na altura de sua cintura, sem chances de ser dominada. O astro francês esticou seu braço esquerdo, aparou a bola com a mão e cruzou para Gallas, dentro da pequena área, marcar. O juiz sueco Martin Hansson validou o lance, mesmo com protestos dos irlandeses. O jogo terminou 1 × 1, e, com a vitória na partida de ida, a França se classificou para a Copa.

Nos dias seguintes, muito se discutiu sobre o episódio. As imagens mostraram a intenção clara de Henry de botar a mão na bola. "Sim, toquei com a mão, mas não sou o árbitro. Estava atrás de dois irlandeses, a bola bateu na minha mão e continuei a jogada", disse o jogador em uma entrevista.

A Federação Irlandesa de Futebol pediu a realização de uma nova partida. Até a ministra da Economia francesa, Christine Lagarde, aderiu à ideia de um terceiro jogo. "Estou contente que a França esteja na Copa, mas é muito triste ter se classificado com esse artifício", disse. O constrangimento dos franceses era geral. "A França saiu dessa com um gol vilão, que não deveria ter sido validado", escreveu o jornal *Le Figaro*.

Mas a Fifa não deu ouvidos às reclamações e manteve o resultado. Em junho de 2015, John Delaney, presidente da Federação Irlandesa, disse que a Fifa pagou 5 milhões de dólares para que sua entidade não entrasse com recurso pela anulação do jogo. A Fifa reconheceu o repasse, mas disse que foi apenas um "empréstimo".

Na África do Sul, a França passaria um vexame gigantesco. Terminou eliminada na primeira fase, com apenas um ponto ganho (três jogos, duas derrotas e um empate, quatro gols sofridos e apenas um marcado). O pior foram as confusões fora de campo. Anelka insultou o técnico Raymond Domenech e foi cortado da delegação. Evra quase chegou às vias de fato com o preparador físico Robert Duverne.

Brigados com a comissão técnica, os jogadores decidiram fazer greve e não treinar, o que motivou o pedido de demissão do presidente da Federação Francesa de Futebol, Jean-Louis Valentin. Tudo isso com a Copa em andamento. A ministra dos Esportes, Roselyne Bachelot, viajou às pressas à África do Sul para suplicar que os jogadores resolvessem suas questões com Domenech, já que "a reputação do país estava em jogo". O que começou com um ato vergonhoso terminou com uma vergonha maior ainda.

## A MÃO DE DEUS?

Em 1986, Diego Maradona, de 1,65 metro de altura, maior craque da história argentina, em jogo contra a Inglaterra válido pelas quartas de final da Copa do Mundo do México, disputou pelo alto uma bola com o goleiro Peter Shilton, de 1,83 metro, e ganhou. O replay deixou claro que o argentino fez o gol com sua mão esquerda, mas o árbitro tunisiano Ali Bennaceur validou o lance. A Argentina venceu o jogo por 2 × 1, com Maradona também marcando o segundo, que é considerado por muitos o mais belo gol da história das Copas, quando passou sozinho por seis adversários. A Argentina conquistaria no México sua segunda Copa do Mundo. E o gol de mão entraria para a história e o folclore do futebol.

Quando perguntaram a ele sobre o lance, Maradona soltou a célebre frase: "Foi a mão de Deus". Até hoje, Peter Shilton guarda mágoa do craque argentino. "É o melhor jogador que já enfrentei, mas não apertaria sua mão se um dia nos encontrássemos. Sua ação foi um ato de reflexo, mas sua reação na hora não foi a mais adequada. A única coisa que me incomodou é que Maradona nunca se desculpou. No fim dos jogos, se algo foi feito de errado entre os jogadores, nós conversávamos, pedíamos perdão. Ele nunca o fez. Ao contrário, comemorou."

Foi só em 2005, durante o programa *La Noche Del 10*, que apresentou na TV argentina, que Maradona reconheceu a artimanha. "Pela primeira vez, vou dizer que fiz o gol com a mão. Eu quis fazer com a mão. Eu não chegaria com a cabeça, tive que fazer um esforço, colocar a mão para ver se dava."

Vale lembrar que o jogo foi cercado de tensão pelo ressentimento, ainda fresco, dos argentinos em relação aos ingleses, que os massacraram na Guerra das Malvinas, 4 anos antes.

## COLECIONANDO ERROS

Há atletas que demonstram não se importar com a maneira como constroem suas reputações. É o caso de Neymar, principal jogador brasileiro hoje. Os exemplos em sua trajetória são vários, a começar pela relação com os clubes nos quais jogou. Seguindo as orientações de seu *staff* (principalmente o pai), Neymar teve transferências sempre marcadas por desavenças que contribuíram para degradar a relação que havia construído com os torcedores – com base em talento e títulos. Foi assim na mudança do Santos para o Barcelona, em 2013, e do Barça para o Paris Saint-Germain, em 2017.

No clube francês, passou a viver uma relação infernal com a torcida, que chegou a vaiá-lo quando tentou forçar um retorno ao clube catalão. Contudo, na Espanha, várias enquetes com torcedores barcelonistas mostraram uma resistência ao seu eventual retorno.

Quando tais episódios são somados às manifestações de vaidade extrema, o individualismo exagerado e os escândalos fiscais (em 2016, foi denunciado pelo Ministério Público Federal pelos crimes de sonegação fiscal e falsidade ideológica em negociações com o Santos, em contratos de publicidade e na transferência para o Barcelona, em 2013), têm-se uma reputação chamuscada.

O esporte está recheado de outros exemplos de má gestão da própria reputação e consequentes revezes de imagem: de Garrincha, que sofria com o alcoolismo, a Pelé, que demorou a reconhecer uma filha legítima, passando pelo pentacampeão Cafu, que teve imóveis penhorados por conta de dívidas acumuladas, com consequências negativas para seu trabalho social (a Fundação Cafu). Os motivos são vários: não saber se cercar de pessoas honestas e competentes, querer vencer a qualquer custo (como esquecer os casos históricos de doping dos velocistas Ben Johnson e Marion Jones e do ciclista Lance Armstrong?), sucumbir a vícios (Tiger Woods) etc.

O mundo empresarial é também repleto de exemplos de falhas graves na autogestão – deslizes éticos, crimes do colarinho branco, falta de cuidado com a saúde, destruição da família, falta do espírito de cidadania. Mesmo ícones empresariais inovadores podem cometer desatinos – o cultuado Steve Jobs, fundador da Apple, morto em 2011, teve uma vida pessoal controversa. Em 2018, sua filha Lisa Brennan-Jobs lançou um livro de memórias em que descreve um pai cruel que, durante anos, negou sua paternidade, bem como seu sustento e de sua mãe. "Eu era uma mancha em sua espetacular ascensão, já que a nossa história não se encaixava na narrativa de grandeza e virtude que ele queria para si mesmo", escreveu Lisa.

Mas também são notáveis os exemplos de atributos da autogestão sadia, como ilustram episódios protagonizados por Rodrigo Caio e Miroslav Klose.

### CRAQUE DA INTEGRIDADE

Domingo, 16 de abril de 2017. Aos 39 minutos do primeiro tempo do clássico São Paulo e Corinthians pelo Campeonato Paulista, jogo de ida das semifinais, o árbitro apita falta do atacante corintiano Jô por ter dado um pisão no goleiro tricolor Renan Ribeiro. O zagueiro Rodrigo Caio surpreende a todos e vai até o árbitro Luiz Flávio de Oliveira para dizer que ele havia tocado no companheiro, e não Jô. A punição, portanto, era injusta, e o árbitro retirou o cartão amarelo.

O que se viu nos dias seguintes foi um debate nacional sobre a atitude do zagueiro. São-paulinos o criticavam pelo que consideraram uma postura "ingênua", pois aquele seria o terceiro cartão amarelo que tiraria Jô, essencial para a equipe corintiana, da partida de volta das semifinais. Cria da base tricolor, Rodrigo Caio já havia sido chamado por um conselheiro de "zagueiro de condomínio", uma fala preconceituosa contra seu "bom mocismo" e futebol limpo – que, segundo essa visão distorcida, não "combinaria" com o ofício de "zagueirar".

Por outro lado, e com a mesma força, sobraram elogios ao caráter do jogador, à sua postura de *fair play* tão ausente no futebol e na sociedade. Sim, o debate extrapolou o futebol e enveredou pelos padrões de comportamento do povo brasileiro.

A explicação de Rodrigo Caio era ainda mais didática: "Não fiz nada de mais. Fiz só o que deveria fazer". Para o atleta, era tão natural seguir seus valores e corrigir uma injustiça, mesmo que ela não o beneficiasse, que não havia motivo para estranhamento. Mas a atitude, na lógica perversa do futebol (e da sociedade), foi vista como mais uma amostra de que faltaria a Rodrigo a tal "malícia necessária" para ser um jogador de futebol, ainda mais zagueiro. A visão distorcida era incensada pela irritação dos tricolores com a derrota por 2 × 0. A partir daquele domingo, a antipatia de boa parte da torcida só fez crescer, e Rodrigo, formado no clube desde a infância, passou a ser visto como símbolo de um período de derrotas.

Não foram poucos os são-paulinos que celebraram sua saída para o Flamengo no final de 2018. Menos de um ano depois, Rodrigo Caio celebrava, como titular absoluto, a conquista da Copa Libertadores e do Campeonato Brasileiro pelo rubro-negro.

## A MÃO DE KLOSE

Curioso pensar que um exemplo oposto ao de Maradona foi visto no mesmo estádio San Paolo onde o argentino fez história pelo Napoli. Em setembro de 2012, a Lazio, de Roma, visitava o clube local. Uma vitória levaria a equipe da capital à liderança do Campeonato Italiano.

No primeiro tempo, após um escanteio da direita, o atacante Miroslav Klose, nascido na Polônia, mas criado e naturalizado alemão, subiu entre os zagueiros e escorou para o gol, abrindo o placar para a Lazio.

Imediatamente, os jogadores do Napoli fizeram gestos acusando Klose de ter empurrado a bola para as redes com a mão e foram para cima do árbitro Luca Banti. Este apontava para o centro do campo, validando o gol. Uma confusão generalizada se estabeleceu até que Klose se dirigiu ao árbitro e confessou que fizera o gol com a mão. Imediatamente, o juiz anulou a marcação. Klose foi cumprimentado pelos adversários.

Naquela partida, Edinson Cavani trucidaria a Lazio, marcando os três gols da vitória por 3 × 0, que impediria os romanos de chegarem ao topo da tabela. O gesto de Klose foi decantado no mundo todo como exemplo de *fair play*. "Nós devemos exaltar a honestidade de Klose. É um exemplo para as crianças", disse o volante argentino da Internazionale, Esteban Cambiasso.

Klose já era "reincidente" em episódios de honestidade explícita. Em 2005, quando atuava no Werder Bremen, alertou o árbitro que este havia marcado um pênalti inexistente em favor de sua equipe. Em uma disputa de bola com o goleiro do Bielefeld, Mathias Hain, o próprio Klose caiu na área. O árbitro marcou pênalti, mas o atacante foi até ele e reconheceu que Hain sequer o havia tocado. O juiz voltou atrás em sua decisão. Nas duas ocasiões, o jogador recusou o Troféu Fair Play que a Federação Alemã de Futebol queria lhe entregar. "O árbitro me perguntou se eu havia tocado a bola com a mão. Eu confirmei, por minha consciência. Também há os jovens que assistem televisão e somos modelos para eles", disse o jogador.

Na Copa do Mundo do Brasil, 2 anos depois do episódio em Nápoles, aos 36 anos, Klose, goleador máximo da Copa de 2006, marcaria outros dois gols e se tornaria o maior artilheiro da história dos mundiais, com dezesseis gols, superando em um tento o brasileiro Ronaldo. Com a Alemanha, seria tetracampeão mundial.

A autogestão é o intangível – pode ser um ativo ou um passivo – que não aparece nos balanços das empresas nem no seu currículo! Mas tem um impacto decisivo nos resultados.

## PAUSA PARA REFLEXÃO

1. Descreva uma situação na qual você tenha percebido fragilidade na autogestão:
a) No esporte
b) Em uma empresa
c) Em uma família
d) Em um grupo

2. Descreva uma situação na qual você tenha percebido alto grau de autogestão:
a) No esporte
b) Em uma empresa
c) Em uma família
d) Em um grupo

3. Dos exemplos deste capítulo, liste três lições que você extrai para aplicar no seu dia a dia.

4. Liste três atitudes que você precisa mudar para ser aumentar o seu grau de autogestão.

**BÔNUS PARA O LEITOR: 2 QR CODES**

Guga, o campeão-família

As mãos de Maradona, Henry e Klose

# CONCLUSÃO
## DESCUBRA E REVELE O CRAQUE QUE HÁ EM VOCÊ!

Por meio de diversas situações vividas por atletas, treinadores e equipes, procuramos encorajar você a refletir sobre as cinco lições essenciais extraídas de diversas modalidades esportivas. Elas podem inspirá-lo a tomar decisões assertivas e a iniciar ações transformadoras que certamente aumentarão suas chances de sucesso, qualquer que seja sua profissão e estágio de vida.

Vale, neste momento, recapitular as cinco lições aprendidas, que podem também ser entendidas como competências socioemocionais. São elas:

### *INTEGRAÇÃO*

A habilidade de obter sinergia e construir convergência, visando aproveitar ao máximo o potencial de cada membro da equipe, bem como aumentar o grau de integração entre diferentes áreas, é um fator decisivo para o sucesso nos esportes, nas empresas, nas famílias e na gestão de carreira e vida pessoal da maioria dos indivíduos. Provavelmente, na sua também.

Seguem algumas dicas para você aumentar a sua capacidade de aprimorar a **integração** de pessoas, processos e equipes:

- Seja aglutinador, articulador, busque sinergias, construa pontes em vez de paredes;
- Faça mais do que a sua parte, pense no conjunto;
- Transforme "ilhas de competências" em um "arquipélago de excelência";
- Desenvolva a empatia, o legítimo interesse pelo outro; aprenda a ouvir e a refletir sobre pontos de vista diferentes;
- Respeite a diversidade de ideias, poderosa fonte de inovação;

- Desenvolva sua habilidade de negociação e de argumentação saudável;
- Cuide dos detalhes, dos bastidores, dos treinamentos, dos intervalos;
- Valorize o "intangível" das atitudes: confiança, transparência, simplicidade;
- Seja o exemplo e busque sempre complementar as competências dos membros do grupo.

### DETERMINAÇÃO

Na capacidade de execução – ou seja, de transformar sonhos em realidade e as metas em resultados alcançados – reside um dos pontos mais vulneráveis na estratégia das empresas e na gestão da carreira profissional. Essa mesma dificuldade se evidencia na vida dos atletas: o sucesso obtido é diretamente proporcional ao grau de sacrifício, disciplina, foco, perseverança, resiliência e, por que não dizer, a um saudável grau de obsessão na busca dos resultados desejados.

Aqui estão dicas para você exercitar sua **determinação**, com disciplina e foco nos resultados:

- Acredite e lute pelos seus sonhos;
- Não perca tempo com o supérfluo;
- Jogue sempre para ganhar, em vez de jogar para não perder;
- Seja perseverante sem ser teimoso; não jogue a toalha facilmente;
- Faça mais do que o combinado, entregando-se de corpo e alma;
- Prepare-se obsessivamente;
- Compatibilize o curto prazo com o longo prazo: construa no presente a excelência do futuro;
- Equilibre os resultados quantitativos com os qualitativos: harmonize o sucesso com a felicidade;
- Tenha consciência dos riscos no percurso e procure mitigá-los, sem ultrapassar os limites do que é saudável.

## SUPERAÇÃO

Não apenas os atletas, mas cada um de nós, em praticamente todas as atividades profissionais e em situações familiares e sociais, defrontamo-nos com adversidades. A capacidade de mudar o jogo a seu favor é uma qualidade ímpar dos vitoriosos, que conseguem fazer uma virada (*turnaround*, no jargão empresarial) e se destacar na arte de ultrapassar obstáculos que pareciam inevitáveis e intransponíveis.

Algumas dicas para aprimorar sua capacidade de **superação**:

- Um dos melhores momentos para empreender mudanças é quando tudo está bem. Seja proativo, nunca deixe a situação chegar a um ponto em que "não tem mais jeito", com a realidade assumindo proporções irreversíveis;
- Antes de tentar superar um concorrente externo, supere a si mesmo: a "olimpíada" está dentro de você, então bata seus próprios recordes;
- Assim como no diagnóstico de doenças, quanto mais cedo você ganhar consciência das adversidades e dificuldades, maiores serão suas chances de dar a volta por cima e atingir seus objetivos;
- Cuidado com a autossabotagem: não trema diante da possibilidade de vitória;
- Não procrastine decisões, adiando providências indispensáveis: a velocidade de resposta é uma vantagem competitiva;
- Adote como lema o mantra da melhoria contínua: "Hoje melhor do que ontem, amanhã melhor do que hoje";
- Enfrente as dificuldades com coragem e fé em si mesmo;
- Busque aliados e parceiros para complementar as competências de que seus planos necessitam.

## INOVAÇÃO

No esporte, na vida e no trabalho, a busca pelo sucesso nos coloca diante de uma única opção: inovar ou... inovar! A maioria das empresas e das profissões está com seus prazos de validade vencendo ou já vencidos. A inovação não pode mais ser encarada como um projeto ou uma iniciativa isolada e precisa ser entendida como uma filosofia de vida. Precisamos nos reinventar, sob pena de perdermos a relevância como profissionais e seres humanos.

Confira estas dicas para você aumentar sua competência de inovação:

- Inove no dia a dia, pois inovação não é sinônimo apenas de criar um novo produto nem de uma única grande ideia;
- Não se contente em ser "apenas" criativo. Transforme ideias em valor;
- Ser inovador não é sinônimo de ser esperto;
- Fuja da mesmice: crie e capture valor transformando suas ideias em resultados tangíveis;
- Lembre-se sempre que inovar exige muita disciplina e suor, não apenas inspiração genial;
- Identifique e remova as barreiras internas que mantêm você refém da velha forma de fazer as coisas;
- Crie um ambiente que dê condições para que a genialidade dos outros apareça;
- Inovação, às vezes, exige originalidade para mudar as regras do jogo;
- Reinvente-se sempre para viver cada novo patamar da sua vida ou atividade profissional.

### AUTOGESTÃO

Os verdadeiros craques são reconhecidos por fatores que transcendem suas habilidades técnicas e sua destreza no domínio da sua modalidade esportiva. São também respeitados pela forma como pilotam suas carreiras e a vida pessoal. Infelizmente, muitas estrelas brilhantes no palco esportivo são luas minguantes em casa e na comunidade.

Veja abaixo dicas valiosas para você aprimorar sua **autogestão**:

- Seja coerente no que você diz e no que faz;
- *Seja* o exemplo (não apenas *dê* o exemplo) para o outro, quer seja um membro da sua família, colega na equipe de trabalho, vizinho no condomínio onde mora ou conhecido no clube que frequenta;
- Desenvolva o seu grau de autoconhecimento de forma contínua e permanente, o que será uma base importante para você tomar decisões coerentes com o futuro desejado;
- Cultive sua inteligência emocional, um diferencial decisivo nos seus relacionamentos;
- Respeite o outro, a natureza e a sociedade;
- Busque harmonia entre as diferentes dimensões da sua vida – saúde, família, amigos, vida profissional e comunitária;
- Conquiste aliados para apoiar a realização dos seus sonhos;
- Gerencie seu tempo de forma eficaz, definindo prioridades e, se necessário, aprendendo a dizer "NÃO", para evitar uma sobrecarga que o impeça de focar o que é, de fato, essencial.

Agora chegou a hora de ensaiar as suas jogadas vencedoras. Dê o primeiro passo visando descobrir e revelar o craque que há em você!

## PASSO # 1

Faça uma autoavaliação acerca das cinco lições essenciais apreendidas com o esporte:

**INTENSIDADE:**
1 Abaixo do esperado
2 Próximo ao esperado
3 Esperado
4 Destacado
5 Excepcional

| AS LIÇÕES ESSENCIAIS DO ESPORTE | INTENSIDADE |
|---|---|
| **INTEGRAÇÃO** busco a sinergia, sou um *team player*, jogo para o time, sou integrador e busco inspirar para estarmos todos no mesmo barco | |
| **DETERMINAÇÃO** tenho disciplina, foco no resultado e na execução, entregando-me de corpo e alma nas minhas missões | |
| **SUPERAÇÃO** não me abato com adversidades, supero os possíveis obstáculos e evito os vacilos, sempre mitigando os riscos indesejados ou inesperados | |
| **INOVAÇÃO** inovo sempre, não me acomodo jamais com a mesmice, procurando fazer diferente, surpreendendo para criar e capturar valor, evitando firulas improdutivas | |
| **AUTOGESTÃO** sou coerente, procuro ser um exemplo, tenho inteligência emocional e harmonizo as diferentes dimensões da minha vida | |

Qual seu ponto mais forte dentre os cinco acima? E o de maior vulnerabilidade (a área em que você precisa caprichar mais)?

Bom trabalho até aqui! Você conseguiu fazer uma autorreflexão sobre as cinco lições e absorveu algumas dicas sobre como se aperfeiçoar em cada uma delas.

Porém, todas essas competências farão muito mais sentido se tiverem um senso de propósito. O propósito funciona como um "fio condutor" que energiza as diferentes lições do esporte aprendidas das histórias descritas neste livro.

O propósito pode ser considerado uma espécie de competência que transcende e enriquece todas as demais aqui analisadas. Ele é o que dá sentido à existência de uma pessoa, uma equipe, uma empresa, uma comunidade, um país. No caso de uma empresa, é importante não confundir propósito com metas ou com seus objetivos. Por exemplo, ser líder de mercado não configura um propósito, mas um resultado desejado. Também é imprescindível não confundir o propósito com o produto que uma empresa fabrica ou com os serviços que ela presta aos seus clientes.

Propósito é a razão de ser de uma empresa. Transcende o dia a dia, a missão, o portfólio, a *job description*. Tem a ver com o benefício que a empresa cria para clientes, parceiros e para a sociedade. Um exemplo bem ilustrativo: determinada empresa definiu o seu propósito como gerar bem-estar e saúde, muito diferente de se posicionar como uma fabricante e vendedora de alimentos, que é o seu *core business*. O propósito de uma equipe de RH em uma empresa pode ser definido como o de contribuir para cultivar o capital de liderança, que garantirá a sustentabilidade da empresa a médio e longo prazos. Já um profissional pode ter como propósito transformar a vida das pessoas e das organizações com as quais convive.

A esta altura, cabe a você a pergunta: qual o seu propósito de vida? Vale refletir sobre o sentido que você pretende dar a cada uma das lições e competências aqui discutidas caso você almeje um novo patamar de integração, determinação, superação, inovação e autogestão. Como o legado é tão importante quanto o propósito, também sugerimos que você defina com clareza qual legado que pretende deixar como marca nas diferentes esferas da sua vida.

Se estiver de acordo, vale dar um segundo passo: tire da cabeça e coloque no papel um breve enunciado do seu propósito e do legado que pretende construir, e compartilhe com amigos, familiares, colegas, mentores – enfim, com pessoas da sua confiança.

## PASSO #2

Complete os itens abaixo:

| O MEU PROPÓSITO DE VIDA | O LEGADO QUE PRETENDO DEIXAR |
| --- | --- |
|  |  |

## PASSO #3

Entre em cena e inicie sua jogada vencedora.

Vamos lá, coragem; a bola agora está na sua quadra. Avante! Supere a si mesmo, descubra e revele o craque que há em você.

## ANEXO 1

### BIBLIOGRAFIA SUGERIDA

Selecionamos onze livros inspiradores para você:

1. *Transformando suor em ouro* (**Sextante, 2011**) Autobiografia de Bernardo Rezende, o Bernardinho, um dos melhores e mais exitosos treinadores de esportes coletivos do mundo, que compreende desde sua trajetória como levantador e depois como técnico de voleibol. Ele revela neste best-seller seus métodos para maximizar o talento de seus atletas nas seleções brasileiras masculina e feminina de vôlei, valorizando a inovação e a ciência e não abrindo mão do senso coletivo.

2. *Agassi: Uma autobiografia* (**Intrínseca, 2019**) Um dos maiores tenistas de todos os tempos escancara os sentimentos ambíguos que sempre nutriu em relação ao esporte que escolheu – ou que foi escolhido para ele pelo pai, um ex-lutador de boxe inflexível – e que lhe trouxe fama, fortuna e "imortalidade". Muito bem escrito, prende o leitor do início ao fim e mostra, dentre outras lições, como o autoconhecimento surge das vitórias e, sobretudo, das derrotas que sofremos.

3. *Brilliant Orange: The Neurotic Genius of Dutch Football* (**Bloomsbury, 2012. Em inglês**) O jornalista inglês David Winner faz uma apuração minuciosa para colocar a inovadora seleção de futebol da Holanda de 1974 em seu devido lugar: um time que revolucionou a forma de se jogar futebol, elevando o talento individual a serviço da equipe, encantando o mundo e se tornando um dos dínamos transformadores da sociedade holandesa rumo à modernidade.

**4** *Pep Guardiola: Otra manera de ganar* (**Córner, 2013. Em espanhol**) Escrita pelo jornalista catalão Guillem Balagué, esta biografia mostra como Pep Guardiola se tornou capitão do Barcelona e, posteriormente, após pendurar as chuteiras, o treinador mais vitorioso da história do clube. Também apresenta o gênio por trás da última grande revolução na maneira de se jogar futebol – o *tiki-taka*. A obra evidencia que um grande líder não apenas se identifica com os valores da instituição que comanda, como também os personifica, transferindo paixão e propósito a seus comandados.

**5** *Nunca deixe de tentar* (**Sextante, 2011**) Michael Jordan, o maior jogador de basquete de todos os tempos, compartilha suas técnicas de superação e motivação. Jordan disseca seis tópicos que julga essenciais para o sucesso que atingiu nas quadras: definir metas, superar medos, comprometer-se com o trabalho, atuar em prol da equipe, desenvolver fundamentos e habilidades de liderança.

**6** *Estrela solitária: Um brasileiro chamado Garrincha* (**Companhia das Letras, 1995**) Com esta biografia de Mané Garrincha o jornalista Ruy Castro ganhou o prêmio Jabuti de 1996 como melhor obra de não ficção. O autor narra a história do "gênio de pernas tortas" desde sua infância em Pau Grande (RJ) até o estrelato no Botafogo e na seleção brasileira. A genialidade de Garrincha em campo contrasta com sua vida completamente caótica e desregrada fora dele.

**7** *Veneno remédio: O futebol e o Brasil* (**Companhia das Letras, 2008**) O futebol como "droga" mortífera e, ao mesmo tempo, redentora. Neste ensaio brilhante, o acadêmico e músico José Miguel Wisnik mergulha nas raízes profundas da paixão dos brasileiros por esse esporte, mostrando o quanto ele é capaz de nos definir como nação e sociedade, para o bem e para o mal.

8 *O método* TB12**:** *Como alcançar uma vida inteira de alto rendimento* (**Intrínseca, 2018**) Tom Brady, supercampeão da NFL – liga de futebol americano dos Estados Unidos –, capitão do New England Patriots e marido de Gisele Bündchen, destrincha o método que o mantém, mesmo na casa dos 40 anos, atuando no mais alto nível. O TB12, no entanto, é mais do que um programa de treinamento: trata-se de um guia de estilo de vida para quem busca uma rotina saudável e com alta performance, com instruções de alimentação, exercícios e repouso.

9 *Guga, um brasileiro* (**Sextante, 2014**) O maior nome da história do tênis masculino brasileiro descreve o trajeto que o levou a vencer por três vezes o torneio de Roland Garros e permanecer por quase um ano como o número um do mundo. As memórias da infância em Florianópolis, o jeito "meninão boa-praça", a ligação com a família e os desafios de sua carreira estão presentes nesta autobiografia de um dos ídolos mais carismáticos do esporte brasileiro.

10 *Sem limites: A incansável busca pelo prazer de vencer* (**Thomas Nelson, 2000**) Nesta autobiografia, escrita em parceria com o jornalista Alan Abrahamson, o supercampeão das piscinas Michael Phelps narra como se tornou o maior recordista de medalhas da história olímpica, superando adversidades como o transtorno de déficit de atenção com hiperatividade (TDAH), diagnosticado ainda na infância.

11 *O algoritmo da vitória: Lições dos melhores técnicos esportivos do mundo para você aplicar em seu time, sua carreira e sua vida* (**Editora Planeta , 2020**) Treinadores vitoriosos de

diversas modalidades esportivas e seus métodos particulares de trabalho são o objeto da análise dos autores deste livro – José Salibi Neto, escritor e consultor em gestão e liderança, referência em educação executiva no Brasil, e Adriana Salles Gomes, escritora e jornalista especializada em negócios e economia.

## ANEXO 2

### FILMOGRAFIA SUGERIDA

Selecionamos onze filmes inspiradores para você:

1. *Um domingo qualquer* (1999) Neste filme, dirigido por Oliver Stone, Al Pacino encarna o treinador do fictício Miami Sharks, que joga a NFL, liga de futebol americano dos Estados Unidos. Com sua competência e legitimidade questionadas pela direção e parte dos atletas, ele tem de usar de toda sua habilidade para transformar um grupo desunido em uma equipe vitoriosa. O discurso de quase cinco minutos que Pacino faz no vestiário é uma aula de liderança. Seu personagem mostra que um líder que não se coloca ao lado de seus comandados, reconhecendo inclusive seus erros, jamais vai ter seu comando plenamente reconhecido.

2. *Lendas da vida* (2000) Nesta obra dirigida por Robert Redford, Matt Damon é um ex-campeão de golfe que, após servir os Estados Unidos na guerra, retorna mergulhado em uma profunda crise pessoal. Instado a enfrentar um desafio esportivo, ele primeiro se recusa, até que um misterioso caddie (carregador de tacos), vivido por Will Smith, resolve ajudá-lo a recuperar sua confiança e sua técnica. Entre outras reflexões, o filme mostra a importância de um bom "coach" na vida de um profissional.

3. *Raça* (2016) Cinebiografia do norte-americano Jesse Owens, o corredor negro que destruiu, com suor e talento, a ideia da supremacia ariana nos Jogos Olímpicos de Berlim, em 1936, contrariando a estratégia nazista do regime de Adolf Hitler.

4 **Ícaro** (2017)  Neste documentário, o cineasta norte-americano Bryan Fogel faz um relato chocante do universo do esporte, escancarando o envolvimento do governo russo no doping de seus atletas. A revelação do escândalo culminou com a suspensão do país de competições esportivas internacionais, dos Jogos do Rio-2016 até a Copa do Mundo de 2022. Ícaro ganhou o Oscar 2018 de melhor documentário.

5 **Eu sou Bolt** (2016)  Cinebiografia do mais extraordinário velocista da história, desde a infância na Jamaica até a consagração como lenda nos Jogos do Rio de Janeiro, em 2016. Entre outras lições, o filme mostra que, por mais sucesso que você obtenha, nunca deve deixar sua autenticidade de lado.

6 **Paratodos** (2016)  Documentário exibe a vida e os desafios dos atletas paralímpicos durante a preparação para a Olimpíada Rio-2016. As histórias tocantes nos mostram que limites existem até que alguém consiga derrubá-los.

7 **Invictus** (2009)  Dirigido por Clint Eastwood e estrelado por Morgan Freeman no papel de Nelson Mandela e Matt Damon como François Pienaar, capitão do time nacional de rúgbi, o filme mostra como o líder sul-africano percebeu a força do esporte e a usou para seu principal propósito: unificar um país dividido pelo apartheid. Na obra, percebemos o quanto Pierre de Coubertain, criador da Olimpíada da Era Moderna, segue atualíssimo em sua crença no esporte como instrumento de união entre os povos.

8- **The Playbook: Estratégias para vencer** (2020)  Nesta série da Netflix, cinco treinadores revelam os segredos que os levaram ao topo e como superaram momentos difíceis nas suas vidas profissionais ou pessoais. Doc Rivers conta como conduziu o Boston Celtics ao título da NBA, em 2008; Jill Ellis explica que seus valores pessoais foram fundamentais para o sucesso no futebol feminino; José Mourinho descreve seus métodos para ganhar títulos no futebol europeu; Patrick Mouratoglou conta a difícil missão de ser coach de Serena Williams; e Dawn Staley demonstra como conseguiu se impor no basquete americano, predominantemente masculino.

*O homem que mudou o jogo* (2011) Estrelado por Brad Pitt, conta a história de Billy Beane, manager do time de beisebol Oakland Athletics, que aposta em uma reformulação baseada na ciência estatística para remontar o time e transformá-lo de mero coadjuvante em protagonista na Liga Americana. A história de Beane retrata que um gestor antenado, cheio de propósito e com coragem para ousar pode mudar os rumos de uma equipe – ou de uma empresa.

*Pelé eterno* (2004) Tributo ao maior jogador de futebol de todos os tempos. O documentário de Aníbal Massaini Neto, amigo do Rei, não se preocupa em mostrar a dimensão humana de Edson Arantes do Nascimento, exibir suas contradições, cutucar suas feridas. Feita essa ressalva, trata-se de um impressionante resgate documental: centenas de gols, fotos e manchetes de jornais e revistas de época, além de depoimentos de parceiros de times, técnicos e especialistas, mostram por que Pelé não tem concorrentes. Os grandes gênios estão aí para nos inspirar.

*Arremesso final* (2020) Em dez episódios, esta série produzida pela Netflix e pela ESPN narra a trajetória vitoriosa da "era" Michael Jordan no Chicago Bulls, que rendeu à equipe seis títulos da NBA nos anos 1990 sob o comando do treinador Phil Jackson. Liderança, obstinação, crise, superação... E, principalmente, vitórias. Muitas lições para a vida pessoal e profissional estão nesta que já é considerada uma das melhores séries documentais esportivas produzidas na história.

# AGRADECIMENTOS

Este livro não seria possível sem o apoio de nossas famílias e amigos, que nos deram suporte e incentivo para as longas horas de entrevistas, pesquisas, leituras e escritas que formam o alicerce desta obra.

Somos gratos também à nossa agente literária Luciana Villas Boas e a equipe da VB&M, que acreditou desde sempre na relevância do que propúnhamos e nos deu orientações valiosas para que o livro alcançasse contornos claros e objetivos.

À jornalista Cristina Nabuco que, com seu olhar apurado, contribuiu para a coerência e fluidez das histórias e conceitos aqui narrados.

À equipe da Buzz, liderada por Anderson Cavalcante, que nos apoiou com toda sua experiência editorial — um envolvimento que nos comoveu e nos faz plenamente orgulhosos do resultado.

Por fim, agradecemos aos atletas, técnicos e profissionais das diversas modalidades esportivas que são os protagonistas desta obra e tiveram a generosidade de compartilhar conosco seus aprendizados. Em especial, a Magic Paula, Maya Gabeira, César Cielo, Vanderlei Cordeiro de Lima, Renan Dal Zotto, Fernando Meligeni, Marcelo Saliola, Camilly Almeida, Raí, Oscar Schmidt, Marcos Dimanfá, Jayme Netto, Miguel Ângelo da Luz e Geraldo Bernardes. Suas trajetórias, plenas de empenho, determinação, inovação e superação, são uma fonte de inspiração permanente para nós.

Este livro foi feito para que essas histórias e lições sirvam de inspiração também para você, leitor.

OS AUTORES

Fontes SHARP, FREIGHT
Papel ALTA ALVURA 90 g/m²
Impressão IMPRENSA DA FÉ